強みを活かして成果を上げる

勝ち残る
税理士事務所を
つくる
所長の教科書

株式会社名南経営コンサルティング【著】

日本実業出版社

はじめに

　現在、税理士業界では、「開業したって飯は食えない」といった話がまことしやかにささやかれ、その影響もあってか、開業数は年々減少し、かつ税理士試験受験者数そのものも右肩下がりに落ち込んできています。

　しかし、本当に開業しても食べていけないのでしょうか。私たちはそうは思いません。税理士業界は収益的に十分魅力的で、かつ成長の余地の大きなすばらしい業界です。実際に、開業5年目までに500件を超える関与先を獲得された、または職員を20名超にした、など、開業後わずかな期間で大きな成長を果たしている事務所の事例は、枚挙に暇がありません。ただし、税理士事務所として開業すれば、必ず成長することができるか、といえばそうではありません。開業したものの数年で廃業、ないしは「何とか食べていけている」という状態に留まってしまっている事務所が存在していることも確かです。

　同じ業界に属しながら、これほどの違いがなぜ出てしまうのか。それは事務所運営の方法、すなわち"やり方"の違いです。要するに、「やり方次第で何とでもなる」ということです。

　私ども名南コンサルティングネットワーク（以下、名南CN）の母体である税理士法人名南経営は、佐藤澄男税理士事務所として昭和41（1966）年10月に開業以来、多くの事例を積み上げてきました。大きな成功を収めた施策もあれば、それを上回るたくさんの失敗もありました。その経験の中から、税理士事務所経営における成功要因、または失敗要因とはいかなるものかを体感的に習得してきました。

　また平成12（2000）年から公開している、名南CNが培ってきたノウハウやITツールなどを提供するクラウドサービス『**MyKomon**』を通じて、2,000を超える事務所様とお付き合いをいただいています。その中には、他の手本となるような成長・発展を実現されている事務所様もたくさ

んあり、多くの成功事例に触れさせていただく機会を得ています。

　本書では、そのような事例やエッセンスを、私どもが昭和63（1988）年から開講し、現在まで500名を優に超える経営者・後継者・経営幹部の方々に受講いただいている「名南経営者大學」という研修でお伝えしている経営のセオリーに照らし合わせながら、税理士事務所、とくに開業前や開業間もない先生方を対象として解説していきます。スタートアップ期に必要な内容をあますことなく盛り込んでいますので、ぜひすべての内容に目を通していただければと思います。なお、この経営のセオリーについては、旧・株式会社日本エル・シー・エー様にご教授いただいた内容を参考にさせていただいております。

　また主としてスタートアップ期に焦点を当ててはいますが、「思ったような成果をあげられていない」「行き詰まりを感じている」といった方にお読みいただいても、十分参考にしていただけるように心がけました。事務所に不足する内容を中心にお読みいただければと思います。

　第1章では、「開業したって飯は食えない」といわれる理由を紐解いたうえで、それでも税理士事務所が魅力的な事業であること、そして、継続的に成長し続けている事務所に共通する4つのポイントを示しました。自信をもって経営していただく根拠にしていただければと思います。

　第2章では、私どもが「名南経営者大學」にてお伝えしている経営のセオリーの中から、税理士事務所経営の基礎となるものを抜粋して解説しています。そのままお客様にお話しいただける内容にもなっていますので、ぜひ日頃の面談時の参考にもしてみてください。

　第3章では、スタートアップ期に特に重要な、理想の事務所像の明確化について具体的な検討の視点を示しています。この視点を疎かにすると、今後の経営に支障を来すことさえあります。ぜひ徹底して検討してみてください。もちろん、既存の事務所様においても大切な視点です。これを機に、改めて見直す機会にしていただければと思います。

　第4章では、売れる仕組みのつくり方について解説しています。どれほ

どすばらしいサービスを提供する力があっても、それをお客様に届けることができなければ、もっていないのと同じです。特に税理士事務所においては、お客様から「お願いですから私の（当社の）面倒をみてください」と言っていただけるようになることが肝要です。そのための仕組みづくりのポイントを解説します。

第5章では、業務の標準化について解説しています。「あのときにやっておけばよかった」と後悔しないよう、開業時から標準化に取り組み、どれだけ成長しても業務が円滑に進められる体制を構築していってください。既存の事務所様においても参考にしていただける内容となっています。

第6章では、パートナーといえるほどの職員の育て方について解説しています。1人で運営していくことを希望されているかもしれませんが、一度目を通してみてください。そのうえで取り組むかどうかを判断していただければと思います。

第7章では、コロナ禍における税理士事務所の役割を念頭に置き、非常時・緊急時においてお客様に提供できるサービスならびに視点についてまとめました。ぜひ、参考にしてみてください。

私どもは開業以来、関与先開拓、サービス開発、職員育成、業務標準化など、税理士事務所としてのさまざまな課題に取り組んできました。また多くの事務所様からたくさんの気づきと学びをいただいてきました。その中から、特にスタートアップ期にスポットライトを当てた内容をまとめた集大成が本書といっても過言ではありません。またその内容は、既存の事務所様にも参考にしていただけるものと確信しています。

お読みいただいたすべての事務所様の円滑な成長・発展のご実現に少しでもお役に立ち、業界発展の一助になれば幸いです。すばらしい事務所経営のご実現を心よりお祈り申し上げます。

2020年12月

株式会社名南経営コンサルティング　亀井英孝

第 3 章　理想の事務所像を明らかにする

第4章 "売れる仕組み"を構築する

第 5 章 開業時から 標準化を進める

第 **6** 章 職員を
パートナーに育てる

第7章 コロナ禍における税理士事務所の役割

4 取り組むべき課題を抽出する 276

ブックデザイン／萩原睦(志岐デザイン事務所)

本文DTP／一企画

税理士業界は
ビジネスチャンスの宝箱

1 税理士事務所が抱える 6つのリスク

　【はじめに】でもお伝えしたとおり、現状、税理士業界では「開業したって飯は食えない」とまことしやかに言われています。それはいったいどうしてでしょうか。その理由として耳にするのは、業界を取り巻く次の6つの状況です。

　　①市場規模の縮小
　　②顧問料の低価格化
　　③法令遵守要請の強化
　　④訴訟リスクの増加
　　⑤採用難と人件費負担の増加
　　⑥ＡＩの進化による仕事の減少

　それぞれについて、もう少し詳しく見ていきましょう。
　「①市場規模の縮小」とは、平たくいえば、「お客様が減っている」「新規契約が増えない」「解約が新規契約を上回っている」といった状態を意味していると考えてよいでしょう。実際によく耳にする内容です。
　「②顧問料の低価格化」とは、「顧問料を下げて欲しいという要請が増えている」ないしは「低価格を売りにした事務所が台頭してきている」などの状況がそれに該当します。
　この2つを組み合わせれば、「お客様が減り、かつ単価も下がる」ということですから、たしかに好ましい状態とはいえません。

　「③法令遵守要請の強化」については、たとえば「税理士業務処理簿」などが挙げられるでしょう。業務処理簿については、税理士法第41条にお

いて、次のように定められています。

> （税理士法第41条　「帳簿作成の義務」）
> 税理士は、税理士業務に関して帳簿を作成し、委嘱者別に、かつ、1件ごとに、税務代理、税務書類の作成又は税務相談の内容及びそのてん末を記載しなければならない。

　この内容が「税理士業務処理簿」にあたりますから、その作成は税理士としての当然の義務です。ところがほんの数年前までは、日本税理士会連合会によって定められた全国統一の様式で記載・保存がなされていなくても、それほど厳しくいわれることはありませんでした。しかし、このところ、日増しにこれに基づく記載・保存を求められるようになっています。これまでやらなくてもすんでいたものをやらなければならないのですから、手間が増えることになるわけです。

　「④訴訟リスクの増加」は、中でも「お客様から訴えられるようになる」という時代の到来を意味しています。これは大変なことです。かつて税理士事務所の所長先生は、たとえば関与先経営者のご子息・ご令嬢が結婚されるとなれば間違いなく招待され、さらにその席は主賓席で銀行の支店長の横と決まっていました。所長先生のみならず、担当者までご相伴に与っていました。ところがいまでは結婚式に呼ばれないどころか、訴訟の対象となってしまう。とても悲しいことですね。

　時代は変わりました。しかし、仮にそういう事態になってしまっても事務所を守り抜かなければなりません。そのためには関与先とのやりとりを報告書に残したり、これまで廃棄していたような帳票などにも取っておかなければならなくなります。要するに、③同様にこれまで不要であった手間が増えることになります。お客様は減るは、単価は下がるは、手間まで増えてしまうわけですからさらに大変です。

加えて「⑤採用難と人件費負担の増加」が追い討ちをかけます。採用難によって人が採れなくなれば、採用費をさらにかける、また初任給を引き上げざるを得なくなります。そうなれば既存職員の給料も見直しが必要になるとともに、「やることが増える」わけですから、何も対策しなければ労働時間も長くなり、残業代も増えていくことになります。お客様は減り、単価は下がり、やることは増えて、コストも増える。まさに泣きっ面にハチですね。

　最後に⑥は、「ＡＩに仕事が取られる」「やるべき仕事がなくなってしまう」ということです。実際に、これまで人の手をわずらわさなければできなかったこと、専門知識がなかったらできなかったことが、自動でできるようになってしまう業務領域は確実に増えていますし、今後も増え続けていくことでしょう。最後は、仕事まで奪われてしまうということになります。

　たしかにこれだけ耳にすれば、誰しもが「お先真っ暗」と感じてしまうのも仕方がないことなのかもしれません。
　しかし、この６つのリスクは本当に事実といえるのでしょうか。以下、検証していきたいと思います。

2 他業種にはない 5つの魅力

(1)増えている顧客層はいっぱいある

　まず「①市場規模の縮小」について検証してみましょう。次の**図表1-1**をご覧ください。

図表1-1　法人税申告法人数の推移

年度 （平成）	申告法人数		
	社数（社）	増加数（社）	前年比
25年度	2,609,368	8,762	100.3%
26年度	2,628,476	19,108	100.7%
27年度	2,653,287	24,811	100.9%
28年度	2,683,570	30,283	101.1%
29年度	2,716,818	33,248	101.2%
30年度	2,747,492	30,674	101.1%

　これは国税庁が毎年３月に発表する『統計年報』の法人税に関わるデータを加工したものです。このあとに掲載する図表1-2、同1-3も同じです。データは例年２年前のものが最新で、次のサイト上で公開されています。
https://www.nta.go.jp/publication/statistics/kokuzeicho/hojin2018/hojin.htm
　このデータによれば、少なくとも法人税申告法人という市場は、縮小どころか増加していることがわかります。
　ではなぜ「減っている」と感じられているのでしょうか。その理由は次ページの**図表1-2**によってうかがい知ることができます。

図表1-2　資本金100万円以下の申告法人数の推移

年度 (平成)	資本金100万円以下の申告法人数		
	社数(社)	増加数(社)	前年比
25年度	242,748	28,179	113.1%
26年度	274,610	31,862	113.1%
27年度	309,582	34,972	112.7%
28年度	344,465	34,883	111.3%
29年度	383,025	38,560	111.2%
30年度	421,276	38,251	110.0%

　この２つの図表を見比べていただければおわかりいただけると思いますが、法人税申告法人の全体数が増えているのは、資本金が100万円以下の法人が増えているからであって、資本金100万円超の法人は確実に減少しています。これまでの税理士業界においては資本金1,000万円以上のお客様が間違いなくメインでした。ところがその層が年々減っているわけです。税理士事務所の実感として、「お客様が減っている」との認識は、あながち間違いではないといえます。

新しいマーケットには新しい"やり方"で

　しかし、法人税申告法人の数は確実に増えています。マーケットは拡大しているのです。これは他の業種にはない大きな魅力といえるのではないでしょうか。

　このような話をしますと、

「そんな小さな会社が増えたって、私たちのお客様にはならない」
「そんな小さな会社からはこれまでどおりの顧問料をもらえない」
「手間ばかり増えて採算が取れない」

といった声が聞こえてきそうです。たしかにそのとおりで、資本金100万円以下の法人では、それこそ資本金1,000万円以上のお客様から当たり前

にいただいていた金額の顧問料をいただくのは難しいでしょう。

　しかし、マーケットは確実に増えています。手をこまねいて眺めているだけではもったいない話です。

　そもそも、どんな業種であっても、新たに生まれたマーケットに対しては、これまでのやり方で対応することは困難なものです。マーケットが違えば、求められるものも異なるからです。

　よって、新たに生まれたマーケットに対しては、そのマーケットにマッチしたやり方を開発しなければなりません。しかしいったんその手法を確立できれば、そもそも成長性の高いマーケットなのですから、事務所収益に多大な貢献をもたらすことは間違いありません。さらにはより生産性・収益性の高い方法を見出すことができたならば、その貢献度はますます高まります。

　たとえば、月額顧問料が50,000円のお客様がいるとしましょう。このお客様に関わる業務に毎月10時間かかっているとすると、そのお客様の1時間当たりの単価は5,000円となります。

　一方、月額顧問料を10,000円しかいただくことができないお客様であったとしても、その業務を毎月1時間で処理できてしまうやり方を開発すれば、時間単価は10,000円となります。結果として、これまでのお客様の倍の収益性を実現することになるのです。

　要するに、いままでのやり方では採算が取れなくても、**新たに現われたマーケットに対して、そのマーケットにマッチしたやり方を模索し、確立することができれば、魅力的なマーケットになり得る**ということです。

（2）税制改正が毎年ある

　さらに、税理士業界が他の業界に比べて恵まれていることとして、**毎年、税制改正がある**ことが挙げられます。法律に関わる仕事をしている私たちにとって、**法改正はビジネスチャンス**です。それが毎年あるのです。これほど恵まれていることはありません。

　たとえば平成27年には相続税の非課税枠の引き下げが行なわれました。先の国税庁の「統計情報」によれば、その結果、相続税課税対象となる被相続人の数は、平成26年度には56,239人であったのに対し、平成27年には103,043人と、1年の間に1.83倍にもなっています。国が我々に仕事をつくってくれたといえます。

　この点においても、先の「資本金100万円以下マーケット」と同様、これまでどおりの申告料を請求することは困難でしょう。しかし、やはり業務のやり方を見直すことで、魅力的なマーケットに転じる可能性が出てきます。

　たとえば、私どもでは相続税申告料は、おおむね基本料金30万円に、相続財産の0.5%を乗じた金額を加算して請求させていただいています。その結果、平均100万円前後の申告料になります。

　しかし、新たに相続税の対象となった方々に対しては、とても請求することのできる金額ではありません。相続財産の額ならびにその内容によっては、基本料金をいただくことも難しい場合もあります。

　ただし、これも先の顧問料同様、考え方次第ではとても魅力的なお客様になります。たとえば、申告料100万円のお客様がいるとしましょう。このお客様に関わる申告業務に合計100時間の時間がかかったとすると、1時間当たりの単価は10,000円となります。

　一方、申告料を20万円しかご請求することができないお客様であったとしても、合計10時間で申告業務を終えることができれば、時間単価は

20,000円となり、これまでの倍の収益性を実現することになります。

　マーケットは常に動いています。もちろん縮小するマーケットもありますが、拡大するマーケットも確実にあるものです。その増えていくマーケットに属する人たちが望む対応をしていけば、仮にこれまで対象としていたお客様は減っていってしまうとしても、常に新たなお客様が生まれてくることになるのです。さらに、税制改正によって国が新たなマーケットを毎年つくっていってくれるのです。

　ということは、事務所の業務のありようを、常に発生する新たなマーケットにマッチしたやり方に改革させ続けていけば、マーケットは尽きることがないということです。税制改正が毎年ある税理士業界は、日本一恵まれた業界といっても過言ではない、そういう認識をもつ必要があると思います。

（3）納税義務者の悩みは尽きることがない

　税理士業界の２つ目のリスクとして「②顧問料の低価格化」を挙げました。実際に、その声は多く耳にします。

　ではなぜ、そのような状況になってしまったのでしょうか。その理由は、私たちの使命の実現度にあると思われます。

　次ページ**図表1-3**をご覧ください。

　この表は、法人税申告法人の中に占める利益計上法人の割合を示すものです。ご覧のように、利益計上法人の割合は平成25年度から年々増えてきています。これはとても好ましいことです。

　しかし、その割合は直近でも34.7％にすぎません。国民の三大義務「教育の義務」「勤労の義務」「納税の義務』の１つである納税義務を果たしている法人が、３分の１程度しかないのです。これは由々しき問題です。さらには、節税対策を必要とするような潤沢な利益を出している先ともなると、10〜15％程度になるかもしれません。

図表1-3　法人税申告法人の利益計上法人割合の推移

年度 (平成)	申告法人数 (社)	利益計上 法人数(社)	利益計上 法人割合
25年度	2,609,368	754,038	28.9%
26年度	2,628,476	803,746	30.6%
27年度	2,653,287	849,639	32.0%
28年度	2,683,570	889,371	33.1%
29年度	2,716,818	926,680	34.1%
30年度	2,747,492	952,969	34.7%

　かつては、利益計上法人の割合が80％を超えていた時期もありました。そのころの顧問料は、必要以上の税金を払わなくても済むようにするための"投資的価値"をもっていたように思います。しかし、利益が出ていない現状においては、その価値を感じているお客様は決して多いとはいえないでしょう。

　では、このような利益状況にあるお客様が感じる私たちの価値とはいかなるものでしょうか。もしかするとそれは、試算表や決算書といった諸資料を作成し、申告業務という作業を行なう事務業務の"アウトソーシング的価値"でしかない可能性があります。それでは投資ではなくコストとみなされ、削減の対象として顧問料の引き下げを要求されたとしても、致し方がないことかもしれません。

　一方で、税理士法第1条では、「税理士の使命」を次のように定めています。

（税理士の使命）
第1条　税理士は、税務に関する専門家として、独立した公正な立場において、申告納税制度の理念にそつて、納税義務者の信頼にこたえ、租税に関する法令に規定された納税義務の適正な実現を図ることを使命とする。

要するに税理士の使命は、「納税義務の適正な実現」であり、それを「納税義務者の信頼にこたえ」て実現しなければならないということです。

そのお客様からの信頼の元となるもの、すなわちお客様が私たちに求めているものは、法人経営者ならびに個人事業者であれば、やはり"利益"を上げたいという希望をかなえてくれることではないでしょうか。一般の方であれば、その求めるところは"資産形成"ならびに"資産減少の抑制"ということになるかもしれません。

ということは、「納税義務者の信頼にこたえ」るとは、その**利益獲得や資産形成・維持に向けて適切なアドバイスを行なう**ことといえるでしょう。これこそが税理士事務所の真の役割といえるのではないでしょうか。

さらに、**人の悩みは尽きる**ことがないのです。ということは、**私たちが提供できるサービスも尽きることがない**ことを意味しています。

そもそも、中堅・中小企業の経営者や個人事業主が何かの悩みを抱えたとき、実に70%以上の経営者が「税理士事務所に相談する」というアンケート結果があります。

また、少し古いデータになりますが、平成22年11月に発表された「中小企業の会計に関する実態調査」(中小企業庁)において、「経営者が会計事務所に望むこと」という調査結果が公表されていますが、中小企業が会計専門家に最も望むサービスとして、中小企業経営者の56.9%、個人事業主の46.4%が「決算書類等の分析、経営指導・助言等」を挙げています。その割合は、「具体的な会計処理(22.5%)」または「税務処理の指導等のサービス(15.7%)」の倍以上、中小企業経営者においては、「決算書類または税務書類の作成サービス(16.7%)」の実に3倍となっています。

お客様が私たちに本当は何を望んでいるのかを考えさせられるデータですね。

とはいっても、すべての悩みに応える必要はありません。"餅は餅屋"で、それぞれの事務所が「好きなこと」「できること」「得意なこと」に特化すればよいのです。実はこれこそが本書の大きなテーマです。

そもそも私たち税理士事務所を含む**中堅・中小企業の最大の強みは、大きなマーケットを必要としないこと**です。職員が5名なら5名、20名なら20名、100名なら100名食べていけるだけのマーケットがあればよいのです。だからこそ「好きなこと」「できること」「得意なこと」に特化することができます。もしそれ以外のサービスをお客様から求められたとしたら、そのサービスを「好きなこと」「できること」「得意なこと」にしている人たちとアライアンスを組んで、任せていけばよいのです。

このような取り組みのなかで納税義務者の信頼に応えることができたということは、お客様に利益や資産がもたらされたということになります。潤沢な利益や資産を得たお客様には「必要以上の税金は払いたくない」という欲求が生じることでしょう。その欲求を適切に満たすことができれば、さらなる"信頼"を獲得できるようになります。結果として、納税義務の適切な実現を図ることになるのです。

私たちの役割は、決して尽きることがないのです。

(4) できること、具体策は山ほどある

さて、前述のとおり、納税義務者の悩みは尽きることがありませんから、私たちが提供できるサービスも尽きることがありません。ご自身が「好きなこと」「できること」「得意なこと」に特化できるのです。

一方で、「実際に何をやったらよいのかわからない」という声もお聞きします。しかし、この点においても税理士業界はとても恵まれています。多くの先生方が、ご自身が成功された取り組みや施策を、余すことなく伝えてくれているのです。

毎日、実に多くの先生がセミナーや研修会に登壇されています。また、本や雑誌などを通じて、具体的な取り組み内容をご紹介いただいています。これほど成功事例がふんだんに公開される業界は滅多にありません。通常であれば、うまくいったことは競合他社にはばれないように隠すのが普通です。この点においても、税理士業界は実に恵まれていると思います。

　ということは、多くの先生がご紹介いただいている多くの成功事例の中から、自分が好きになれそうなこと、やってみたいこと、自分の強みが生かせそうなことを選んで実践すればよいのです。他の業界では、「やることを探す」のが普通ですが、この業界では「やらないことを捨てる」だけでよいのです。

　この恩恵を最大限に生かし、かつご自身の「好きなこと」「できること」「得意なことを」を見出し、そのことを徹底的に突き詰めていっていただきたいと思います。

(5) AIが辛い仕事を肩代わりしてくれる

　前述のリスクの6つ目に「AIの進化による仕事の減少」を挙げました。たしかにその側面はあるといえるでしょう。

　そもそもAIは、自動運転や囲碁・将棋などの例をとってもわかるように、「目的」「最終ゴール」「ルール」が明確である業務が得意です。試算表作成にしろ、申告手続きにしろ、それぞれの業務の目的は明確です。最終的にどんなアウトプットが必要か、そのゴールははっきりしています。そして税法や会社法などのルールは明確に確立しているわけですから、まさに税理士事務所が行なっている業務は、AIが最も得意とする分野の仕事といえます。よって、「これまでの仕事がなくなってしまう」と言われれば、たしかにそのとおりです。

　一方でAIは、「目的」「最終ゴール」「ルール」が明確でない業務は大の苦手です。たとえば、AIはAIを創ることはできません。また人の"感情"に関わる分野は、AIが手出しのできない領域といえるでしょう。

　したがって、先ほどお伝えした納税義務者の悩みを把握し、その感情を察しながらこちらの感情を相手に合わせつつ、その悩みを解決に導いていくような仕事はできません。つまり、**税理士の使命の実現には人の力は欠くことができない**ということです。

この両面を統合すれば、定型的な業務はＡＩが、人と関わる業務は人が行なうなど、ＡＩと人が分業し、それぞれの強みを最大限に発揮させることによって、さらなるサービスの提供および向上が可能になることを意味しています。

　ＡＩの登場は、税理士事務所にとって脅威などではなく、その使命をより高いレベルで実現するための必然的な出来事であるといえるのです。

　現実的には、ＡＩがこの業界で本当に活躍することができるようになるのはもう少し先になるかもしれません。しかしクラウドやＲＰＡなどの登場による恩恵は、確実に出てきています。作業負担がかなり低減され、より付加価値の高い仕事に時間を使えるようになりつつあります。

　このように考えれば、「開業したって飯は食えない」どころか、成長・発展していくための諸条件が揃い過ぎるほど揃っているといえます。税理士業界は「ビジネスチャンスの宝箱」といっても決して過言ではないのです。

3 継続的に成長し続ける 事務所となるために

　ここまでいかに税理士業界がビジネスチャンスに恵まれ、成長の可能性が高い業界であるか述べてきました。しかし現実には、成長し続けている事務所と停滞・衰退を余儀なくされている事務所に二極化しているように思えます。それはなぜでしょうか。

　少なくとも成長をし続けている事務所には、1つの特徴があります。それは、**リスクにとらわれずにチャンスをものにしている**ということです。チャンスは目の前に広がっています。しかし実際にはその横にはリスクも潜んでいます。そのリスクにとらわれて、せっかくあるチャンスを手に取ることを諦めるか、多少のリスクはものともせず、果敢にチャンスを獲得するための行動を取っていくか、その違いだけであるようです。

　繰り返しますが、税理士業界はビジネスチャンスの宝庫です。ぜひそのチャンスをものにし、継続的に成長し続けていける事務所にしていっていただきたいと思います。

　さて、そのような事務所には、チャンスをものにするための取り組みにいくつかの共通点があるようです。それはおおむね、次の4つに集約されます。順に解説していきます。

　⑴ "理想の事務所像" を明確にしている
　⑵ "売れる仕組み" を構築している
　⑶ 開業時から "標準化" を進めている
　⑷ 職員を "パートナー" に育てている

(1) "理想の事務所像"を明確にしている

　特に開業時において一番やってはいけないことは、「まずは食えるように」と、何でもかんでも引き受けてしまうことです。多くの場合、そのときにお付き合いが始まったお客様や取り組んだ業務が、その後、ご自身の首を絞め、結果としてそれが事務所の成長・発展を阻害することが非常に多く見受けられます。

　そうならないためには、何よりも"理想の事務所像"を事前に明確にしておくことが大切です。そのうえで、その理想実現を阻害する要因を徹底的に排除していかなければなりません。

　ときには「武士は食わねど高楊枝」のごとく、どんなに仕事がない状態であったとしても、目の前にぶら下がる、決しておいしそうではないけれども、多少は腹の足しにはなるであろう人参を、ぐっと我慢することも必要になります。そこで我慢できるかどうかは、理想が明確になっているかにかかっているのです。

　ぜひ、誇り高き理想を掲げ、その実現に邁進していっていただきたいと思います。

(2) "売れる仕組み"を構築している

　事務所を成長・発展させていくためには、何よりも多くのお客様から支持され、喜ばれることが欠かせません。そのためには、提供するサービスのレベルを向上させ続け、お客様によりいっそう喜んでいただける状態をつくりあげていく必要があります。

　しかし、どんなにすばらしいサービスを提供していたとしても、その存在を知っていただくことができなければ、お客様は増えていきません。「よいサービスを提供すれば、自ずとお客様は増えていく」というのは理想ですが、現実はそれほど甘くはありません。やはり、営業活動は避けて通る

ことはできないものなのです。

　その営業活動をより効果的・効率的に実現していくためには、売れる仕組みをつくることが欠かせません。

　ときに「営業は苦手」とか「営業を雇う余裕はない」などといった声も聞きますが、ここでいう売れる仕組みとは、優れた営業手法を身につけるとか、優秀な営業パーソンを雇うということではありません。ましてや、「嫌がるお客様に無理やりハンコを押させる」ことでもありません。

　そもそも、税理士事務所における営業活動は、お客様から「お願いですから私の（当社の）面倒を見てください」と言っていただける活動でなければなりません。売れる仕組みづくりとは、お客様からそのように言っていただくための取り組みと考えていただければと思います。

(3) 開業時から“標準化”を進めている

　「仕事のないうちに標準化しておけばよかった」

　これは、ほとんどの開業税理士の方から聞かれる言葉です。

　開業したばかりのころは、すべて自分1人で完結させることができますから、標準化といわれても「ピンとこない」のが正直なところでしょう。実際、営業努力が実を結び仕事がどんどん増えてきて、「さあそろそろ職員を採用しようか」と思ったころから、標準化の必要性を感じはじめる、というのが一般的なようです。

　ところが、そのような状態になっている場合は、もう「時すでに遅し」で、ご自身が日々の仕事で目一杯になってしまっていて、とても標準化をするための時間を割くことなどできません。

　標準化がほとんどできていない状況で職員を採用したとしましょう。標準がないのですから、「見て覚えてやって！」「自分で考えてやって！」となってしまいます。結果、お客様が増えるたびにそのお客様固有の新しいやり方が増え、さらに職員が増えるたびにその職員オリジナルなやり方が増え、気づいてみたら、十社十色、十人十色のやり方から抜け出せな

っていき、きわめて生産性の低い事務所ができあがる、このようなケース
は、実に多いものです。

　自分1人のときから、事務所として最も効果的・効率的なやり方を構築
し、入ってくる職員さんには、「これがうちのやり方ですから、従ってく
ださい」と徹底していけば、職員の数が増えても、効果的・効率的な事務
所のままで成長・発展していくことができるでしょう。開業時から標準化
を進めていくことは、とても大切なことなのです。

(4) 職員を"パートナー"に育てている

　ときに「人は入れたくない」という声を聞きます。それはそれで「理想
の事務所」の一形態ですから、ダメだというつもりはありません。

　ただ1つ考えておいていただきたいのは、「自分が倒れても家族を路頭
に迷わせないようにすることができるか」という点です。

　税理士の仕事は、突き詰めれば最後の"決裁"がすべてです。極論すれ
ば、サインさえできれば病院のベッドの上でもその責任は果たせます。し
かし、事務所業務のすべてを自分1人で行なわなければならないとなれば
話は別です。その点をよく考えて意思決定をしていただきたいと思います。

　そして、「職員を入れる」という意思決定をするのであれば、ぜひ心許
せる人たちと一緒に仕事をしたいものです。ぜひ、「職員をパートナーと
して育て上げる」という視点をおもちいただきたいと思います。

　以上の4つの共通点をもつ事務所では、**理想の事務所の実現に向けて、
全職員が一丸となって業務に取り組み、事務所に関わるすべての人たちの
物心両面の幸福を実現しつつ、日々理想に近づける**ことができているよう
です。とてもすばらしい事務所ですね。無理なことではありません。実現
できている事務所はたくさんあります。ぜひ、本書からより多くのものを
学んでいただき、理想の事務所を実現していっていただければと思います。

第**2**章

「急がば回れ」で
経営の基礎を学ぶ

1 税理士事務所もまた "社会の公器"である

　理想の事務所づくりのための具体策の検討に入る前に、その前提となる「経営とはいかなるものか」という命題について、まずはその基礎を学んでいただきたいと思います。経営者としてのご自身のスキルアップとともに、お客様のよき理解者、指導者となるために、経営に対する基本的な認識を習得してください。

　なお本章においては、お客様にそのままお話しいただくことができるよう、「企業」という表現を用いて解説していきます。

　「企業は社会の公器である」と唱えたのは、経営の神様といわれる松下電器産業株式会社（現パナソニック株式会社）創業者の松下幸之助氏です。

　幸之助氏は読んで字のごとく、「企業とは社会の中における公（おおやけ）の器であり、社会に対して貢献をしていくことを目的としなければならない」と説いています。大変的を射た定義だと思います。

　このような認識なくして、企業が本来果たすべき役割を正しくまっとうすることはできないと考えておく必要があるでしょう。この視点は、税理士事務所においても変わりはありません。

　そして、社会の公器として企業が果たすべき責任には、次の3つの視点があるといわれています。

　⑴ 社会性の責任
　⑵ 公益性の責任
　⑶ 公共性の責任

　それでは、1つひとつ考えていきましょう。

(1) 社会性の責任

「社会性の責任」とは、企業が、

□経営体を存続、発展させる
□仕事という社会の福祉の一部を仕事場で充実させる

という責任を果たすように求められていることを意味しています。

　この責任を果たすために最も大切なのは、**わが社は何を以てこの社会に貢献しようとするのかを明確にすること**です。この定義がなければ、どのようにして経営体を存続、発展させていくのか、どのような仕事場をつくっていくのかさえも決めることはできません。

　一方で、いかなる企業も経営資源には限りがありますから、その点においても、"何"かに絞り込むことは必要不可欠なことといえるでしょう。

　さらに、それぞれの企業がその生存領域を明確にすることは、お客様にとっても価値あることです。

　たとえば、飲食店は全国に10万店以上あり、かつ毎年1,000店ずつ純増しています。それだけのお店が共存できるのは、それぞれのお店に特徴があり、その特徴を望むお客様がいらっしゃるからにほかなりません。そのお客様が望む特徴がなくなったとき、お客様の足は遠のき、そのお店の存続は危ぶまれることになります。要するに「当店は何を以てこの社会に貢献するのか」が明確でない、ないしはそれが受け入れられなくなったとき、そのお店の存続は許されなくなり、逆にその価値を認められ続ける限り、その生存が許され続けることを意味しているのです。

　特に、**中堅・中小企業の強みは大きなマーケットを必要としないこと**です。社員が10人なら10人を、100人なら100人を、1,000人なら1,000人を食べさせていけるだけのマーケットがあればいいのです。このことは、そのまま税理士事務所にもあてはまります。

大きなマーケットを必要としないのであれば、組織構成員を養っていけるだけのマーケットサイズがある、経営者が好きで得意でできる事業の領域に絞ることができます。

　そして、経営者が絞り込んだその領域内で生存していくことを宣言し、「この指止まれ」で人を募り、また動機付けすることで、それが好きで得意でできる者たちが集まってくる、または育つようになる。

　まさに「経営体を存続、発展させる責任」と「仕事という社会の福祉の一部を仕事場で充実させる責任」を果たすために、最も重要な視点といえるでしょう。

　税理士事務所においても、「わが事務所は何を以てこの社会に貢献しようとするのか」を明確にすることが何よりも大切であると認識していただければと思います。

（2）公益性の責任

　2つ目が「公益性の責任」です。その内容は、

　□経営環境に対する責任を果たす
　□経営体を取り巻く利害関係者に対する公益を最大限に増大させる

ことです。平たくいえば、社会に具体的な利益をもたらす責任となります。

　では、経営体が利益をもたらすべき社会には、どのような人たちがいるのでしょうか。具体的に列挙するならば、企業を取り巻く社会には、**図表2-1**に例示する8つの社会が存在していることがわかります。

　企業は、これらの社会に対して具体的に利益をもたらしていくことが求められるのです。

　では、具体的には何をすることが貢献となるのでしょうか。1つひとつの社会に照らして考えてみましょう。

図表2-1　企業を取り巻く社会

債権者	お客様	国・地方公共団体
社員その家族	**企業**	地域(住民)
地球・環境	取引先	出資者

まず"お客様"に対してです。

「お客様への貢献とは何か」と尋ねられたとき、あなたはどのように答えますか。よく耳にするのは「商品やサービスを提供すること」との回答です。しかし、残念ながらそれだけでは貢献したことにはなりません。提供した商品やサービスに対して満足し、喜んでいただかなければ貢献したことにならないのです。

実際に、期待して買った食べ物がおいしくなかったら、「貢献してもらった」という気持ちにはなれません。それどころか「損をした」との悪感情が生まれ、「二度と買わない」という意思決定につながることでしょう。悪くすれば、その感想を多くの知り合いに言いふらされてしまう可能性さえあります。逆に「思ったよりおいしかった」となれば満足と喜びの好感情が生まれ、「また買おう」という意思決定につながり、かつその感想を多くの人たちに広めてくれることになるでしょう。

このように、**お客様に対する貢献とは、提供した商品やサービスによってお客様を満足させ、喜んでいただくこと**であるという認識が必要です。

続いて、"国・地方公共団体"に対する貢献ですが、これはもちろん納

税ですね。

　私の知るある社長は、「税金を払わない会社は道路を使うな」とおっしゃいます。「納税もしないで、税金でできている道路を使う権利はない」と言うのです。そのとおりだと思います。

　決算書は社長の通信簿です。利益が出ていないということは、経営者として落第であり、最も恥ずべきこととの認識が必要です。

　税理士事務所の使命は、「納税義務者の信頼にこたえ」「納税義務の適正な実現を図る」ことですから、お付き合いをいただくお客様に対しては、適正な利益を上げ、適正な納税をしていただくよう、よりいっそう支援していく必要があるということです。

　3つ目の社会が、"地域"および"地域住民"の方々ですが、その**最大の貢献は雇用**です。雇用が生まれれば所得が生まれ、所得が生まれれば消費が生まれ、消費が生まれれば地域が活性化していくからです。

　4つ目は"出資者"です。出資者に対する貢献は、企業価値を高めていくことと、配当することとなります。

　5つ目が"取引先"です。ここには、原材料や商材の仕入先、外注先や協力会社のみならず、人件費を除く販売費および一般管理費に登場する、企業運営に関わるすべての物品やサービスを提供してくださる方々を含みます。この社会に対する貢献は、もちろん「たくさん利用してあげること」ではありますが、「代金をきちんと支払う」ことが前提です。商品やサービスを提供されてもお金を払わなかったら、貢献どころか泥棒です。**取引先に対する貢献は支払いにある**との認識が必要です。

　少し昔の話になりますが、バブル崩壊後の厳しい経営環境のなか、助かる企業とそうでない企業がありました。その理由はさまざまですが、助からなかった企業には1つの共通点がありました。それは日頃から「支払いが悪かった」ということです。たとえば、100万円の請求をうけて、「お金がないから」ととりあえず50万円だけ振り込んで平気な顔をしているよう

な会社が助かったという記憶はありません。逆に、どんなに苦しくとも支払いだけはちゃんとしていた会社は、どこからか手を差し伸べる人が現われれたものでした。自分自身を振り返ってみても、貸したお金を返さないような人とは付き合いたくないですし、逆に支払いをきっちりしてくれる人は、何とかしてあげたいと思うのは当然のことと思います。

　細かい話ですが、振込手数料を差し引いて入金することを当たり前にしている会社があります。このような会社は、税理士事務所として指導してあげないといけません。もちろん、請求元から「振込手数料を差し引いてお支払いください」と言ってもらっているならよいのですが、そんな会社は多くはないでしょう。もし事前に了解もしていないのに振込手数料を差し引かれて入金されたら、二度と付き合いたくないと思われても仕方がないと思います。わずか数百円のことで、信用という最も大事な財産を失っているということです。そうしたことを気づかせてあげることも、税理士事務所の役割だと思います。

　次に、"地球・環境"です。これは非常に広範囲にわたるものです。近所のどぶ掃除をすることも環境にやさしいでしょうし、砂漠の緑化政策に取り組む団体に寄付することも地球環境への貢献となります。いま世界中で注目されているSDGs（持続可能な開発目標）への取り組みも、まさにこの貢献に該当することといえます。ここでは美化という言葉でまとめておきましょう。

　1つ飛ばして"債権者"に対する貢献は、利払いです。元本を返済するのは当たり前であり、貢献とはいえません。利払いをしてはじめて貢献となります。

　さて、元本の返済と同様に、当然の義務と認識していただきたいことがあります。それは**債権者**に対する**説明責任を果たす**ことです。企業を存続、発展させるためにとても大切な経営資源であるお金を貸してくださっているのです。その債権者に対して、いまの経営状態をご理解いただき、引き

続きご融資をいただくための説明責任を果たすことは当然の義務ではないでしょうか。

また、この**説明責任に対するサポートをすることは税理士事務所として
お客様および債権者に対する大きな貢献活動**となります。ぜひお客様に、
お金を借りている金融機関に決算報告をするようおすすめし、かつ同席することで、さらなる貢献をしていっていただければと思います。この活動
は、第4章で説明する「売れる仕組みづくり」にもつながるものになります。

さて、最後に残ったのは"社員"および"その家族"です。そのうち社
員に対する貢献とは一体何なのでしょうか。

一般的には「給与」「福利厚生」「労働環境」などの項目が挙げられます。
もちろんこれらの充実は経営者として大変重要なテーマですが、それだけ
では十分な貢献とはいえません。

当社の話ですが、中途採用をする際、応募者の所属企業や現在年収欄を
見ますと、「こんなにいい会社なのに、なぜ辞めるの?」と疑問に思うこ
とが多くあります。実際に、上記3要素は間違いなく当社よりもよいにも
かかわらず応募してくださる方がいます。その方々に転職を希望する理由
をお聞きすると、異口同音に「やりがいがない」と言います。もちろん、
給料が高い、福利厚生が充実している、労働環境がよいことは大切です。
しかし、それは必要十分条件ではないということです。

何よりも、「わが社は何を以てこの社会に貢献しようとするのか」を明
確にし、「この指止まれ」で集まってきてくれた仲間とともに、社会の公
器として貢献し続けていく。そして、その取り組みの中で本当のやりがい
を見出していくことができる。そのような経営こそが、公益性の責任を果
たすうえで、何よりも大切なことだといえるのです。**社員への最大の貢献
は働きがいの提供である**との認識が必要です。

もちろん、高い給与や充実した福利厚生、好ましい労働環境なども働き
がいの一部を構成するものですから、これらをよりよくしていくことも、

企業ならびに経営者の役割であることに違いありません。その努力は惜しまずしていきましょう。

　ここまでの内容を整理しますと、**図表2-2**のようになります。要するに、お客様にはご満足を、国や地方公共団体には納税を、地域には雇用を、出資者には配当を、取引先には支払いを、地球・環境には美化を、社員には働きがいを、債権者には利払いを、このすべてを実現してはじめて企業は、社会の公器としての責任を果たすことができるということなのです。

図表2-2　企業の社会貢献

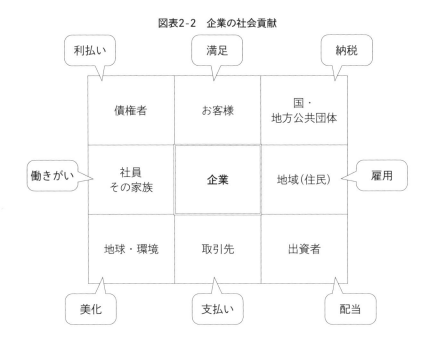

CSよりESが先

　さて、このように企業は自社を取り巻く8つの社会に対して具体的な利益を提供していくことになりますが、すべてを同時に行なうことはできません。優先順位というものがあります。

　この8つの社会に対する貢献の内容を眺めたとき、ある視点で分類する

と、１対７に分かれることがわかります。その視点とは"お金"です。**唯一お客様だけが私たちが提供する商品やサービスに対して対価をお支払いいただける存在**だということです。

納税すればお金が出ていきます。雇用するためにはお金が必要です。配当したらお金が出ていきます。支払いをすればお金が出ていきます。美化活動にも支出が伴います。給料や福利厚生または労働環境の整備にもお金が出ていきます。利払いすればお金が出ていきます。要するに、唯一お客様だけがお金をくださる存在で、お客様にたくさんご満足をいただいて、たくさんお支払いいただければ、その他の社会に対してもたくさん貢献することができます。しかし、そうでなければ貢献がかないません。

ここに「お客様第一」とか「お客様は神様」といわれるゆえんがあります。よって企業ならびに経営者は、常にお客様の満足と喜びの実現に向けて、精一杯の時間と努力を惜しまず投入していく必要があります。企業はその結果として、お客様から存在価値を認められ続ける集団にならなければならないのです。

一方で、そのお客様に対して直接的に満足や喜びを提供するのは誰でしょうか。それは社員の方々です。社員が、不平不満、愚痴やボヤキのかたまりのような人たちであったら、お客様に真の喜びや満足を提供することができるでしょうか。それは無理な話です。

「ＣＳよりＥＳが先」という言葉があります。私どもの創業者・佐藤澄男が常々口にしていた言葉であり、私たちに対してもその言葉に違わない姿勢で接してくださいました。いまの私たちが、こうしてイキイキ・ワクワク・ドキドキ仕事ができているのは、まさに創業者のそのような姿勢があったからだと確信しています。

ＣＳとは、Customer Satisfactionすなわち顧客満足、ＥＳとは、Employee Satisfactionすなわち社員満足を指します。要するに、**顧客満足よりも社員満足が先**という意味です。社員が心からその会社で働くことに満足し、イキイキ・ワクワク・ドキドキしながら働くとき、お客様に不愉快

な思いをさせるわけがなく、そういう社員だけが、お客様を本当に満足させ、喜ばせることができるのです。

　事務所運営においても同じであり、継続して成長している事務所に共通する要素でもあります。

　そうではない事務所、たとえば職員さんが疲れ切り、愚痴やボヤキを平気で口にし、さぼることばかりを考えているような事務所でも、外からは成長しているように見える事務所は確かにあります。しかしそれは成長ではなく膨張であり、一時的な繁栄であり、どこかで糸が切れたときに一気に崩壊してしまうことは多くの事例が示しています。

　やはり、20年、30年と長きにわたって魅力的な成長を続けている事務所においては、ＥＳが非常に重要視されています。ＥＳが満たされない事務所に、永続的な発展はありません。まずはその認識をしっかりともっていただきたいと思います。

(3) 公共性の責任

　最後の公共性の責任とは、

　□経営体の活動が社会に害を及ぼさない

責任を指します。要するに「悪いことをしてはいけない」ということです。

　当たり前の話なのですが、残念ながら、この公共性の責任に対する認識が希薄になってきていることを示す事件が、毎日のように報道されています。とても悲しいことです。

　私たちは、自らを戒めるのはもちろんのこと、企業ならびに経営者の指導者としての立場から、お客様に対しても厳しい姿勢で臨む必要があります。それが、本当の意味での納税義務者の信頼に応えていくことになるのだと思います。

2 顧客を創造する ということ

　社会の公器として社会貢献していくためには、お客様にたくさんご満足いただき、喜んでいただいて、たくさんお金を支払っていただく必要があります。

　ところが、お客様はとてもわがままで、きのうまでご満足いただいていたことを、きょうもご満足いただける保証はどこにもありません。要するに、お客様にご満足し続けていただくために企業は、お客様の変わり続ける"欲求"に適応し続けなければならないということになります。

　ここでいう欲求には、おおむね次の3つの段階があります。

⑴ Wants：顕在的な欲求
⑵ Needs：潜在的な欲求
⑶ Seeds：将来的な欲求（の種子）

順に説明していきます。

⑴Wants：顕在的な欲求

　まず「Wants」は、お客様の欲しているモノ・コトが明確であり、すでにその対象が明らかな状態と考えてよいでしょう。具体的な商品やサービスが明確なのですから、お客様の選択の基準は「品質・納期・価格において有利なもの」ということになります。現代社会においては、品質や納期に大差をつけることは難しくなっていますから、どうしても価格競争に陥りやすいものです。提供すべきモノ・コトが明らかなぶん、提供することそのものは難しくはないものの、収益性が低くなる可能性が高くなる領域

といえるでしょう。

(2) Needs：潜在的な欲求

　一方「Needs」は、「"不"や"苦"の解消」と考えていただくとイメージしやすいと思います。

　たとえば、掃除機のない時代に「掃除機が欲しい」という人はいませんでした。世にないものですから、求めようがありません。要するにWantsになりようがないのです。しかし、箒で掃きながら「腰が痛い。もっと楽に掃除ができないかしら」と思う人はいたでしょう。洗濯機のない時代に「洗濯機が欲しい」という人はいませんでした。ただ、冬の冷たい水洗いに霜焼けを我慢しながら「もっと楽に洗濯ができないかしら」と思う人はいたに違いありません。

　そして、そのような思いを抱えていた人が、掃除機や洗濯機が世に出たときに、購買という具体的な行動を起こすことになります。要するに、Needsを満たすモノが登場したということです。この段階では、それこそ「金に糸目はつけない」ものであり、高い収益性を獲得することができることになります。

　この「もっと楽に○○できないかしら」に該当するのがNeedsです。そしてその対象は、次のような不や苦の付く状況の解消であり、結果として"楽"や"得"を得るものということになります。

　不：不便・不足・不具合・不安・不快など
　苦：苦労・苦痛・苦手・苦言・苦情など

　ネットフリックス（Netflix）という会社があります。米国発で日本でも、通信ネットワークを介したストリーミングでドラマや映画、アニメ、ドキュメンタリーなど幅広いコンテンツを視聴することができるサービスを、定額すなわちサブスクリプションで提供する会社です。

その祖業はＤＶＤの宅配サービスですが、そもそもは創業者がレンタルビデオ店で借りたＤＶＤの延滞料金が40ドルもかかったことに腹を立てたことがきっかけで、そこから月額定額課金で決められた枚数のＤＶＤを貸し出すサービスを思いついたとのことです。まさに自分自身が感じた「不満」や「苦痛」を解消するために開発されたサービスであり、多くの人が感じていたNeedsを満たすサービスだったわけです。

　Needsへの対応とは、このように社会に転がっている不や苦のつく状態を解消するモノ・コトをビジネスにすることと考えていただくとよいでしょう。

(3) Seeds：将来的な欲求（の種）

　最後は「Seeds」です。種ですね。これは、別にお客様から「○○が欲しい」と言われているわけでも、「もっと楽に○○できないかしら」と言われているわけでもないけれども、自社がもっている固有の技術や発想を種として新しいモノやコトを生み出すということです。

　代表例はiPhoneです。アップル社がこのスマートフォンを発売した2007年当時、携帯電話と小型パソコン、音楽はiPod、写真は小型カメラで誰もが満足していました。１人としてそれらの機能をすべて詰め込んだ掌の中に収まるモノなど求めてはいませんでした。ただそれができると信じた１人の男と、それを実現するスキルをもった技術者がいただけです。これはまさにSeeds以外の何ものでもありません。

　一方Seedsは、特別な技術がなければ実現できないものではありません。自分自身が感じる「ああしたい」「こうしたい」「こうありたい」と思うものを世に問うていく、そういう姿勢があれば実現できます。それこそ「好きで、得意で、できる」ことでなければ実現できないことともいえます。

　たとえば、100円ＳＨＯＰダイソーを展開する株式会社大創産業の創業者・矢野博丈氏は、商品ジャンルではなく、100円均一というジャンルの店を世界ではじめて創ったことに対して「他に褒められることはありませんけ

ど、それだけは『どうだ！』と言えます」と言うほど、そのことに誇りを感じておられるようです。「どんなものでも100円で提供したい」、そのような"思い"も、十二分にSeedsとなり得るのです。

Wants、Needs、Seedsの３つの視点をまとめると、次のようになります。

図表2-3　お客様の３つの欲求

視点	欲求の種類	特徴
Wants	顕在的な欲求	・すでに欲しいモノ・コトが明確 ・品質・価格・納期で競うことに
Needs	潜在的な欲求	・欲しい理由は明らかだが、その欲求を満たすモノ・コトがまだ存在しない
Seeds	将来的な欲求 （の種）	・まだ誰も潜在的・顕在的欲求をもっていないが、世に問う技術や思いがある

　このお客様の変わり続ける欲求に答え続けることによって、きょうのお客様が明日もお客様でいてくれるようになります。また、そうした日々の取り組みが、その欲求をもつ新たなお客様を引き付けることになるのです。

　お客様の欲求に応え続けることを、Ｐ・Ｆ・ドラッカーは「顧客の創造」と言いました。**企業とは、常に顧客の欲求を満たし、提供し続けることを使命とする**ということです。

　ぜひ、この３つの視点を参考にしながら、常に変わり続けるお客様の欲求に対応していくことを考えてみてください。

3 "顧客創造"の実現に必要なこと

　顧客の創造を現実のものとするために、企業はどのような機能や働きをもつ必要があるのでしょうか。「顧客の創造」の名付け親であるドラッカーは、次の2つの基本的機能が必要であると言っています。

　⑴ マーケティング
　⑵ イノベーション

　それぞれ、具体的な内容について考えてみましょう。

(1)マーケティング

　マーケティングとはいったいどのようなものでしょうか。アメリカ・マーケティング協会では、「個人と組織の目標を達成する交換を創造するため、アイディア、財、サービスの概念形成、価格、プロモーション、流通を計画・実行する過程である」と定義づけています。少々難解ですね。

　日本においてマーケティングという言葉が用いられて数十年が経過していますが、いまだ適当な日本語訳が見当たらず、そのままマーケティングと表記されています。

　そこで本書では、日本の中堅・中小企業におけるマーケティングの定義を次のようにしたいと思います。

「お客様の顕在的・潜在的な欲求を満たす商品やサービスを、より効果的・効率的に開発・生産・販売することでお客様に喜びと満足を与えるために行なう、人事・財務・物流・情報などの諸機能を含めた企業全体の活動」

これを図で示すと、**図表2-4**のようになります。要するに、**お客様の満足や喜びの実現に向けて経営のあらゆる機能を変革させていくこと**が、マーケティング活動ということになります。

冒頭ご紹介した経営の神様・松下幸之助氏は、マーケティングを学ばれた際、「ああ、マーケティングというのは"お客様は神様"ちゅうこっちゃな」とおっしゃったといいます。まさにそういうことだと思います。

図表2-4　マーケティングとは

一方で、お客様の満足や喜びの対象は刻々と変化していくものです。よってマーケティングとは、環境の変化に対応しながら社会貢献を果たすための企業全体の活動といえます。

企業の責任を果たすためには顧客を創造し、維持することが必要です。そして企業はお客様に満足と喜びを約束し、実現することによってのみ存続が許される存在であるということなのです。

(2)イノベーション

2つ目の視点は、"イノベーション"、換言すれば"革新"し続けることです。

マーケティング活動を通じて、企業はそのすべての機能をお客様の満足と喜びに向けて変えていかなければなりません。よって、マーケティングとイノベーションは、まさに車の両輪であり、いずれも欠くことができない機能であるといえます。

　実は、中堅・中小企業にとってのマーケティングは、大企業のそれと比較して、非常に実践しやすいテーマです。なぜならば、会社の方向性を決めることができる経営陣と、企業が満足と喜びを提供する対象であるお客様との距離がきわめて近いからです。

　大企業であれば、お客様の声を経営陣に届けようとすれば、まずお客様が満足し喜んでいただくための欲求とはいかなるものかについて、その膨大な情報を収集し、整理して、自社にとって最も優先すべき欲求とはいかなるものかを明確にしなければなりません。

　当然、お客様1人ひとりの声を直接経営陣が耳にすることは不可能です。よって、たとえば個人によるインターネット上の情報発信や、個人間のコミュニケーション情報などから自社および自社ブランドの評価をモニタリング（監視）したり、お客様にアンケートないしはヒアリング調査を実施し、それを専門部門が分析・整理して、経営陣に上申するというステップを踏まざるを得ません。

　ところが中堅・中小企業においては、窓口となる販売員ないしは営業パーソンがお客様の状況を報告すれば事足りますし、場合によっては、経営陣が直接お客様にお話をうかがうことも決して不可能ではありません。

　ということは、意思決定機関である経営陣が直接お客様の欲求を、タイムリーかつ何ものにも阻害されることなく手に入れることができ、結果として、お客様が何を望み、何に満足と喜びを感じるかを意思決定権者がいち早くつかむことができるわけです。

　さらには、社員が何万人もいるような大企業であれば、彼らを養っていくために実に多くのマーケットを対象にしなければなりません。しかし、中堅・中小企業における最大の強みとして、大きなマーケットを必要とせ

ず、マーケットを限定することができるのですから、そのぶん、お客様が満足し喜んでいただくために対応すべき欲求の数は絞り込まれます。

このように、マーケティング活動においては、間違いなく中堅・中小企業のほうが圧倒的に優位なのです。

これほど優位性があるのですから、お客様の満足度は常に中堅・中小企業が勝り、売上高の伸び率も、大企業とは比較にならないくらい大きくてもおかしくはありません。しかし実情はそうともいえません。それはなぜでしょうか。

この理由は、まさに「イノベーションの欠如」にあります。会社全体を革新させていくスピードが劣るのです。その**イノベーションを実現するためには「できない理由を潰すこと」**が必要です。世の中にはたくさんの「できない理由」が存在します。そして、そのできない理由を潰すことができるかできないかによって、将来が変わってくるのです。

経営者には、大きく2つのタイプがあります。よりよい会社を実現できる経営者とそうでない経営者です。そしてそれぞれにおいて共通する点があります。その違いは何なのでしょうか。事例を比較することで考えてみましょう。

みなさんは、お客様対応において、次のような経験はありませんか。
事務所に業績の悪い会社のA社長が訪ねてこられました。「何とか業績をよくしたいから、アドバイスして欲しい」とのことです。そこで、会社の状況を精査し、いくつかのアドバイス項目をまとめたうえで、ご提案をしました。ところが……。

あなた「○○という取り組みをされてはいかがでしょうか？」
A社長「それはいいですね！　でもお金がありません。他にないですか？」
あなた「では▲▲を改善することに着手されてはいかがですか？」
A社長「それはよくわかっています。でもそれに取り組む時間がありませ

　　　　　　　　ん。他にないですか？」

あなた「では□□にチャレンジされてはどうでしょう？」

Ａ社長「それは魅力的ですね。でもそのノウハウがありません。他にない
　　　　ですか？」

あなた「……」

　このようなやりとりが、業績の芳しくない会社の社長を相手にした際に
共通するものです。同じような経験をされたことが少なからずあると思い
ます。

　ところが、よりよい会社にし続けている経営者は違います。

　業績好調ながら、「もっと会社をよくしていきたい」というＢ社長が来
所されました。同様に、次のようにアドバイスを行ないました。

あなた「○○という取り組みをされてはいかがでしょうか？」

Ｂ社長「それはいいですね！　でも、儲かってはいますが、そこまでのお
　　　　金は手元にありません」

　実は、ここまではＡ社長と同じです。でも業績のよい会社の経営者は、
これで終わりません。

Ｂ社長「でも、とても魅力的な提案ですね！　これなら銀行さんも理解し
　　　　てくれるかもしれません。先生、一度事業計画を練ってみます。
　　　　銀行交渉は先生にも手伝ってもらえるんですよね？　よろしくお
　　　　願いします。他にないですか？」

あなた「では▲▲を改善することに着手されてはいかがですか？」

Ａ社長「それはよくわかっています。でもそれに取り組む時間がないんで
　　　　すよね。でも、先生がおっしゃるならやっぱり必要ということで
　　　　すね。わかりました。何とか時間をつくってやってみます。他に

ないですか？」

　これが会社をよりよくできる経営者とそうでない経営者の差です。

　実は、できない理由には２つの種類があります。潰せる理由と潰せない
理由です。
　たとえば、今週末の日曜日、ゴルフがしたいと思ったとしましょう。と
ころが残念ながらできませんでした。それは、台風の影響が日本全国に及
び、すべてのゴルフ場がクローズになってしまったからでした。これは個
人の力ではどうしようもない理由です。このできない理由は「**前提条件**」
といいます。そのことを前提として考えなければならない条件ということ
です。
　それに対して、行こうと思ったけれど、「手持ちが少なかった」とか、「一
緒に行く仲間がいなかった」という理由はどうでしょう。これは十分「な
んとかしようがある」理由です。そのようなできない理由は「**制約条件**」
といい、どのようにしたら解決することができるかを考えるべき条件です。
　経営においては、できないことが山積みです。特に、経営資源の乏しい
中堅・中小企業ではなおさらです。しかし、そのできない理由のほとんど
は制約条件です。その内容は、おおむね次の８項目に集約されます。

　□お金がない
　□時間がない
　□人がいない
　□ノウハウ・技術がない
　□設備がない
　□情報が入ってこない
　□協力者がいない
　□前例がない

結局、どの会社でもあるこれらの制約条件を解除することができるかできないかで、成長できるかできないかが決まるのです。これは税理士事務所においても同様です。

　では、どのように解除していけばよいのでしょうか。それは、以下のとおりです。

　□お金がなければ借りればいい
　□時間がなければつくればいい
　□人がいなければ採用する、もしくは育てればいい
　□ノウハウ・技術がなければ教えを請えばいい
　□設備がなければ買えばいい
　□情報が入ってこなければあるところに足を運べばいい
　□協力者がいなければ、頭を下げればいい
　□前例がなければつくればいい

　このように制約条件を解除することがイノベーションです。企業はより大きくなる必要はありませんが、よりよくならなければなりません。そのために必要なのがイノベーションなのです。

　またイノベーションは、何か新しいものをつくらなければならない、というわけではありません。視点を変えるだけでも、十分実現できるものです。

　エスキモーに冷蔵庫を販売した営業パーソンの話が象徴的です。彼らが住む場所では食物は腐りませんから、私たちが通常冷蔵庫に求める「冷やす」「腐らせない」などの用途は不要です。よって普通に考えれば、「エスキモーに冷蔵庫なんか売れるはずがない」となります。しかしその営業パーソンは違いました。「彼らが住む場所では、何でも凍ってしまう。冷蔵庫を「物が凍らない魔法の箱」として販売すれば売れるに違いない」と考えたのです。

彼が売っている商品は、他の場所で普通に売っている冷蔵庫です。しかし、エスキモーには普通の用途では売れる見込みはありません。ところが、彼らが満足し、喜んでもらうためにどう使ってもらえばよいか、とマーケティング発想で考え、用途の革新というイノベーションを起こすことによって顧客の創造を実現することができたわけです。

　繰り返しますが、イノベーションとは何か新しい取り組みをしなければならないわけではなく、いま行なっている取り組み、取り扱っている商品やサービスの視点を変えることによっても十分実現できるものなのです。

　いずれにしろ**イノベーションとは、お客様の満足と喜びに向けて、企業のあらゆる機能・活動を根本的に見直し、変えていく活動**であるといえるのです。

4 | 経営の全体像を把握する

　前項までに、企業は社会の公器として社会貢献していく存在であり、「わが社は何をもってこの社会に貢献していこうとするのか」を明確にしたうえで、企業を取り巻くすべての社会に対して貢献していくため、まずはお客様に満足と喜びを提供していくことが必要であり、その実現に向けて革新を図っていくことが必要であることをご理解いただきました。

　本項では、さらに掘り下げて、具体的に何を検討していかなければならないかについて考えてみたいと思います。**図表2-5**をご覧ください。

図表2-5　経営ピラミッド

(1) 経営理念
(2) 経営ビジョン
(3) 経営戦略
(4) 経営計画
(5) 経営管理
(6) 日常活動

　この経営ピラミッドは、「よい経営」を行なうために必要な要素の体系図といえるものです。それぞれの内容について、以下、解説します。

(1) 経営理念は、人間的成長に応じて進化・昇華するもの

　経営ピラミッドの頂点にあるのが「経営理念」です。

　辞書によれば理念とは、「何を最高のものとするかについての、その人の根本的な考え方」(『国語辞典』小学館)とありますから、経営理念とは、

「経営者が経営に対してもっている根本的な考え方や価値観・信念、または自分自身の態度や行動の規範となるもの」といえます。それはときに経営者の「経営哲学」ともいわれます。一口にいえば、**経営者の経営に対する熱い思い**といってよいでしょう。

　一方、経営者にとっては"心柱"ともいえるものです。「経営者ほど孤独な存在はいない」といわれます。組織のトップに立って率いていく経営者は、経営のすべての責任を背負い、1人でその重責に耐えていかなければなりません。そのような状況において自己を奮い立たせ、組織を成長・発展させていくには、その心情を支えるモチベーションが必要であり、その最も重要なものがまさに経営理念なのです。その経営理念があるからこそ、道に迷っても方向を見失うことなく進むことができます。そして、何かあったときに自分自身の背中を押してくれる心の支えとなります。

　さらにその経営理念は、職員にとっても迷ったときに立ち返るべき"灯台"的存在であり、同じく心のよりどころとなるものになるのです。

　とはいうものの、この経営理念は、一生変わらないものではありません。それどころか、**経営者の"人間的成長"に応じて進化・昇華していくもの**なのです。

　少し具体例を交えて解説しましょう。

　Aさんは、いずれ独立開業することを目指して、地元の税理士事務所で働きながら税理士試験合格を目指しました。苦労が報われ無事合格したAさんは、上のお子さんが小学校に上がるのを機に独立し、自宅の近くに小さな事務所を構えました。「先生」と慕われる父親の姿をどうしても見せたかったのです。

　独立当初の彼は、とにかく儲けて「家を建てたい」「いい車にも乗りたい」「子供を有名私立中学に入れたい」「年に2回はハワイに行きたい」などと夢を膨らませながら、がむしゃらに働きました。

　このころには経営理念などという高邁な考えはありませんでした。ただ「人よりもいい暮らしがしたい」という"熱い思い"はありました。

そうこうしているうちにお客様も増え、職員も１人２人と増えていき、そのうち10人を超えるほどになりました。結果、収入も増え、念願の家も建て、高級車も買い、子供２人を有名私立中学に入れることもできました。当初描いていた夢は、ほぼかなえることができました。

　ところが、そのころ事務所は大きな問題を抱えていました。お客様はどんどん増えていくのですが、職員の定着率がきわめて低く、入れては辞め、入れては辞めの繰り返しになってしまっていました。

　「なぜこんなに職員が定着しないんだろう」と思い悩んでいたとき、辞めていく職員から、「先生は本当に自分と自分の家族のことしか考えられない人ですね」と強烈な一言をもらい、ハッとします。

　「そうだ、俺は俺と俺の家族のことしか考えていなかった。口では『職員のため』と言いながら、結局は売上を上げる道具くらいの気持ちしかなかった。これでは人が定着するはずがない」
と気づき、それ以来「職員をどの事務所の職員よりも幸せにする！」という “熱い思い” をもつようになりました。これが彼にとって最初の経営理念といえるものでした。

　そんな思いで接するわけですから、職員も悪い気持ちになるわけがありません。賃金体系や労働環境の見直しも相まって、職員の定着率はどんどん上がっていきました。そして職員からの「ありがとうございます」の一言に、心が満たされる日々が始まりました。

　ところが数年も経つと、またもや新たな問題が起こってきました。お客様からのクレームが増え、それに比例して解約も増加してきたのです。「どうしてこんなにクレームや解約が多いんだろう」と疑問に感じたＡさんは、職員任せにして訪問していなかったお客様にご挨拶にうかがうようにしました。

　そこでわかったことは、職員が自分の都合を優先して、お客様の要望に応えることを後回しにするようになっていた事実です。「お客様の要望に対しては “はい” か “ＹＥＳ” で」——そんな方針がＡさんのこだわりであり、事務所成長の秘訣だったものが、その礎が根本から崩れてしまって

いたのです。

「これではいけない」と感じたAさんは、思案のすえ、「事務所は職員のために、職員はお客様のために」という"熱い思い"を明確にし、職員に伝え続けていきました。結果、お客様も職員も心から満足する事務所運営ができるようになりました。

いかがだったでしょうか。このように経営者の熱い思いすなわち経営理念は、経営者のあまたの失敗や苦難、または気づきや学びを通じた人間的成長に応じて進化・昇華していくものなのです。

また、このように経営者の成長に応じるものであるということは、それが社会的責任をまっとうする限りにおいては、どのような経営理念をもとうと経営者の自由です。また、この経営理念は他の企業との本質的な違いを示す、その企業の"独自性"の源泉でもあります。

逆にいえば、それ以外の要素から発するレベルの独自性は、単なるひらめき程度のものでしかなく、到底真の独自性といえるものではありません。それほどに経営理念は企業経営の根幹をなすものであり、企業のアイデンティティそのもので、お客様を含めた外部に対するメッセージになるものであるともいえるのです。

経営理念は、事務所の唯一無二のアイデンティティ

「経営理念では飯は食えない」とおっしゃる方がいます。そのとおりです。経営理念があったところで、売上が上がるわけではありませんし、利益が増えるわけでもありません。ただ「経営理念なくして真の成長・発展を実現している企業はない」のも事実です。たしかに、経営理念がなくても、時流に乗って一時の栄華を誇るようなケースはあります。しかし長続きなどしません。

永続的・継続的発展には必ず経営理念が存在する、ないしはその経緯のなかで経営理念の必要性を痛感し、明確にすることで、その成長・発展が一時的なものに終わらずに済む、そういうものなのです。

また、税理士事務所のお客様の多くは経営者です。その経営者のほとんどは経営理念の重要性に気づき、確立し、その率先垂範に心を砕いているものです。その経営者が経営理念をもたない経営者を心から信頼することができるでしょうか。ぜひその事実を受け止めていただきたいと思います。

　経営者が経営理念の必要性に目覚めることによって"生業^{なりわい}"からの脱皮が始まるともいわれます。そして、経営理念は経営者とともに進化・昇華するものであり、事務所のアイデンティティを表わす唯一のものなのです。経営者は、より高い経営理念の実現に向けて活動する存在であるということを、まずご理解いただきたいと思います。

(2) 魅力的な経営ビジョンを明らかにする

　第2の視点が、「経営ビジョン」です。複数の辞書による定義を整理すると、ビジョンとは、

①将来のあるべき姿を描いたもの。見通し。構想。未来図。未来像。
②幻想。幻影。まぼろし。
③視覚。視力。視野。
④見えるもの。光景。ありさま。

といえます。これを経営に当てはめれば、経営の理想像・未来像ということになるでしょう。経営理念を実現するための具体的なゴールを示すものだということです。そして決して幻想やまぼろしにすることなく、10年先、20年先には実際に目の前に広がる光景にしなければなりません。

　さて、経営理念は経営者の熱い思いであって、平たくいえば「足が速くなりたい」とか「高い山に登りたい」などといった、いわゆる"目的"を表わすものですので、比較的抽象的な表現になることが多くなります。何を達成すればその思いが実現できたといえるのか、その到達地点が明確ではないものなのです。

　たとえば、一口に「足が速くなりたい」といっても、そのレベルには大きな差があります。クラスで一番になりたいのか、都道府県で一番になって国体に出たいのか、日本で一番になってオリンピックに出たいのか、さらに上を目指してオリンピックで金メダルを取りたいのか、その目指すゴールによって、練習の仕方も練習量もまったく異なります。目的は同じでも、目指すべきゴールが異なれば、やるべきことはまったく違ってしまうのです。

　目的は、目標があってはじめて果たすことができるものです。目標のない目的は、「絵に描いた餅」どころか絵に描くことさえできません。企業経営においても同様であり、10年後、20年後のあるべき姿、すなわち“目標”を表わす経営ビジョンが必要なのです。

　また、経営ビジョンがなければ、その次に登場する「経営戦略」を立案することもできません。企業が向かおうとしている目標を達成するために何をしなければならないかを明らかにするのが経営戦略だからです。経営理念を実現するためにも、経営戦略を立案するためにも、経営ビジョンは欠くべからざるものであるといえるのです。

　さて、あなたに描いていただきたい経営ビジョンには“定量的”ビジョンと“定性的”ビジョンの2種類があります。

　定量的ビジョンとは、売上高や職員数などの数値で表現されるビジョンです。事務所の未来像を数値で表現することによって、事務所がどこに向かい、何を達成しようとしているかがはっきりとし、また、そのゴールに向かって取り組むべき課題も明確になってきます。そして、そのゴールが達成できたとき、経営理念が実現できていることを実感することができるようになるのです。

　一方で、数値では表現できないビジョンもあります。たとえば、「日本一活気のある事務所」とか「お客様満足度No.1」などといった、事務所としてのあるべき“状態”を表わす定性的なビジョンです。

　具体的な内容については第3章で詳述しますが、経営ビジョンは、まず

経営者自身の事務所経営に対する強烈な意欲と覚悟を生み出すことができるものでなければいけません。そうでなければ、それこそ「絵に描いた餅」で終わります。

　また、パートナーとなってもらうべき職員にとっては、**人生を賭けてともに夢の実現を果たしたい**と思える魅力的な“錦の御旗”であり、「この指止まれ」で喜んで集まってきてくれるものでなくてはいけません。

　さらには、お客様をはじめとする事務所を支えてくださる方々に対しては、「こんな事務所にしますから、どうぞ応援をお願いします」といった公約ともいえるもので、心からの支援や協力の源泉となるものといえます。

　経営ビジョンは、これらの観点において十分魅力的であることが欠かせません。

　また、ちょっと手を伸ばせば実現できるような卑近な目標でもいけません。そもそもそのようなビジョンでは魅力に感じることもないでしょう。「いまのままでは手が届かないけれども、絶対に達成させたい」と心から思えるような魅力的な夢を描きつつ、設定していただければと思います。

(3) マーケティングは、正しい経営戦略の実現によって果たされる

　次のテーマが「経営戦略」です。経営戦略とは、**経営理念および経営ビジョンを現実のものとするための“シナリオ”**といってよいでしょう。ドラマや映画でいうところの脚本・台本のようなものです。

　そのシナリオには、「お客様の満足と喜びの実現」が欠かせません。お客様に満足と喜びを提供することなくして、理念やビジョンの実現は不可能だからです。要するに経営戦略とは、「マーケティングの実現」といっても過言ではありません。逆にいえば、マーケティングが「お客様の満足と喜びの実現」が目的であったとき、その実現を図っていくためには、戦略的発想が必要である、ともいえます。

　戦略とはどのようなものかを考えるにあたっては、同じ“戦”という字を使う“戦術”との対比で考えていただくとわかりやすいでしょう。**図表**

2-6をご覧ください。

図表2-6　戦略と戦術の違い

	戦略	戦術
視点	将来	現在
目的	理想・あるべき姿の実現	いまを生き抜く
視野	長期的・全体的・総合的	短期的・個別的・具体的
戦力	保有資源にとらわれない	保有資源内で考える
力点	将来性・重要性	効果性・効率性

　この戦略と戦術の現実的な違いは、いまの資源を前提とするかしないかにあります。すなわち**戦術は、いまを生き抜くために、いまある資源を使って最大限の成果を上げる方法を考える**のに対し、**戦略は、将来を見据えて長期的視野に立ったうえで、現在の資源にとらわれずに考えていくこと**が大切というわけです。

　よくよく考えてみれば、経営の神様といわれる松下幸之助氏も、最初は自宅で奥様と義弟の3人で創業しています。カネも、ヒトも、設備もないなかから、現在、売上高8兆円超、従業員数27万人超、グループ企業数約600社の一大企業になっています。ヒト・モノ・カネなどといった経営資源は、あればあったに越したことはありません。しかし、なければ成長・発展できないかといえば、決してそうではありません。経営資源が十分ではなかったとしても、企業は成長・発展していくことができるのです。

　一方で、優秀な社員、優れた設備、潤沢な資金があれば必ず成長・発展することができるかといえば、そうではありません。それらの資源を十二分に保有していながら倒産していった企業は枚挙に暇がありません。経営資源はあれば越したことはありませんが、なければならないというわけではないのです。

　では、経営資源はなくとも成長・発展させていくために必要なものは何か、それが経営戦略です。その戦略が、確かで間違いのないものであれば、経営資源は十分でなくとも成長・発展していくことができるのです。逆に、

経営戦略が正しければ、人材は育ち、技術は磨かれ、儲かる会社にすることができ、結果として経営資源を充実させることができるということです。

　では、その経営戦略が“正しい”とは、どういうことでしょうか。経営戦略が正しくあるためには、少なくとも次の３つの条件が必要です。

　①成長性・収益性の高い事業分野に属し続けること
　②その事業分野における成功要因を把握していること
　③その成功要因を獲得するための確かで間違いのない施策を打つこと

それぞれについて考えてみましょう。

①成長性・収益性の高い事業分野に属し続けること

　“事業分野”とは、企業がよって立つ事業のフィールドです。平たく表現すれば、**誰に、何を、どのような方法で提供するかを明確にした領域**ということができます。

　現在のような変化の激しい時代において、これまでのお客様に、これまでと同じ商品・サービスを、これまでのやり方で売っていたら、いずれ成り立たなくなることは想像に難くありません。

　少なくとも税理士業界においては、先にお伝えしたとおり、これまでのお客様は減少し、これまでのサービスはＡＩやＩＴシステムに置き換わっていきます。これまでと同じでは、存続・発展を期待することは難しい時代になってきているといえるでしょう。

　では、どのような事業分野を選択する必要があるのか。その答えは成長性・収益性の高い事業分野です。「すでに衰退していくことが明らかである」ないしは「やってもやっても儲けが出ない」ような事業を選択する人はまずいないでしょうが、これから新たなビジネスに取り組もうとするときに、「収益性・成長性が高い」という視点で考えている人も少ないようです。しかし、正しい経営戦略を立案・実践していくには、欠くことができない

視点なのです。

　その、成長性・収益性の高い事業分野を見つけるためには、おおむね3つの視点があります。**図表2-7**をご覧ください。

図表2-7　事業分野選定の３つの視点

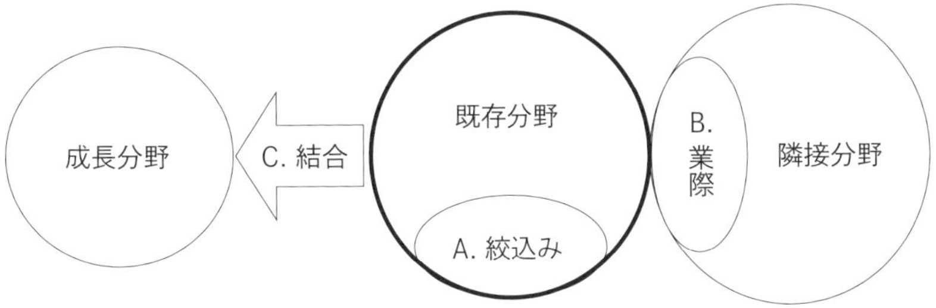

　まずは「A．絞込み」です。これは既存事業分野の中でも、今後高い成長性・収益性が見込まれる領域に"絞り込む"という発想です。第1章でご紹介した、資本金100万円以下の法人や、2015年以降増えている相続税申告などは、十分この領域にあてはまるでしょう。細かく見ていけば、それ以外にもまだまだ伸びる分野、儲かる分野は存在します。また、地域によっても異なりますから、常識に縛られず、周りをよく見渡して検討してみてください。

　次に、「B．業際」について考えます。これは既存事業分野に隣接する事業分野において、今後高い成長性・収益性が見込まれる領域に進出することを意味します。税理士事務所に隣接する事業分野はかなり広範囲にわたります。お客様に役立っている業界はすべて隣接業界といえるでしょう。

　ただし、業際に進出するといってもその業界に属する人たちと真っ向勝負するということではありません。それよりも大切なのは、その業界に属する人たちが、お客様に役務やサービスを提供する際に"不"や"苦"を感じている領域について、「私の強みを発揮することによって何かお手伝いすることはできないか」と考える、すなわちWIN-WINの関係を構築する方向性を模索するという視点です。この点については、第5章で詳しく

お伝えしていきます。

　最後に「C．結合」です。これはすでに高い成長性・収益性をもっている事業分野に対して、もてる強みを活かして進出することができないかを考えるということです。たとえば、今後さらなる成長が期待されるＡＩ分野において、ＡＩを創る立場になることは困難ですが、ＡＩの新たな活用を考えることはできるでしょう。これが結合という意味です。すでに成長性・収益性の高い分野で事務所の強みを活用することができないか、ぜひ考えてみてください。

②その事業分野における成功要因を把握していること

　属するべき事業分野が明らかになれば、次にその事業分野における"成功要因"を明らかにしていきます。成功要因とは、Key Factor for Success（ＫＦＳ）ともいわれ、目標達成のために決定的かつ最重要な要因を指します。要するに、選択した事業分野において成長・発展していくために必要な要因ということです。

　前出の「100円SHOPダイソー」を例にとって考えてみましょう。1972（昭和47）年、雑貨をトラックで移動販売する「矢野商店」を創業した翌年の10月、第四次中東戦争により原油価格が高騰、世界は第一次オイルショックに突入していきます。結果、わが国は戦後はじめてのマイナス成長となり、高度経済成長の終焉を迎えることになりました。

　そのような時代背景もあってか、売れ残り商品を安価に仕入れて提供していた商売は、面白いようにお客様が集まり、あまりの忙しさに値札を付ける暇もなく、「100円でええよ」と思わず口にしたのが奏功して、さらにお客様を増やしていきます。間違いなく成長性の高い事業分野だったといえます。

　その後、1991（平成３）年に「100円SHOPダイソー」の直営１号店を出店するのですが、バブル崩壊前夜であり、さらに時の利を得たといえるでしょう。１つひとつの商品は単価が低く、収益性が高いとはいえませんが、１店舗当たりの収益性は抜群です。まさに成長性・収益性の高い事業

分野に属することができているといえるでしょう。

　その中で、ダイソーは業界No.1の60％近いシェアを誇っています。その成功要因は、"品揃え"です。創業者・矢野博丈氏は「100円のものは欲しいものは全部カゴに入れてくださる。だから、次に行っても同じ物なら買う物がない。新しい商品を生んでいくしかない」と発言しています。現在では毎月800種類以上を99％自社ブランドで開発しているとのこと。「この商品がこの価格」という喜びと「選ぶ楽しさ」を提供している、これがダイソーの成功要因といえます。

　100円ショップ業界は、ダイソー以外にもセリアやCanDoなど、規模は小さいながらも、堅実経営をしている会社があります。企業は、大きくすることだけが成功ではありません。よりよくしていくことこそが大切です。その点においても、成功要因はその業界に１つとは限りません。また、規模によっても異なりますし、地域によっても違います。ぜひ事務所の身の丈に合った成功要因を見つけていっていただければと思います。

③その成功要因を獲得するための確かで間違いのない施策の実践

　次に、把握した成功要因を確実なものにするための施策を打たなければなりません。再びダイソーの例で確認しておきましょう。

　「100円SHOPダイソー」が生まれた1980年代後半から、ある大きな変化がありました。それは「乗用車保有率」です。一般社団法人 日本自動車工業会が1963（昭和38）年以降、継続して実施している「乗用車市場動向調査」によれば、ダイソーが産声を上げる前の1985（昭和60）年の乗用車保有率（全世帯）は61.2％だったものが、2001（平成13）年には79％を超えています。さらに複数保有率は16.8％から39.6％と倍増しています。これは何を意味しているのか。いわゆる女性ドライバーの増加です。品揃えが成功要因とすれば、それを並べるだけのスペースが必要です。それを支えたのが郊外の店舗であり、それを実現させたのが女性の乗用車保有率の向上なのです。

　いま、ダイソーは郊外型店舗から市街地帰りをしているように見えます。

その理由を考えたとき、1つ明らかなことは、乗用車保有率が減少傾向にあることです。若者の車離れ、購買を支えてきた年齢層の人たちの高齢化によるものと思われます。

　一方で、地価下落、商業施設の収益力低下に伴い、お客様を呼ぶ力のあるダイソーに入店を要望する施設が増えています。この両立を果たす施策が、市街地帰りということになるのでしょう。仮に成功要因は変わらなくても、時代が変われば施策を変えていく必要があるということです。

　さて、このような視点で経営戦略、すなわち経営理念および経営ビジョンの実現を図るためのシナリオを策定していくわけですが、そのサイクルはおよそ3～5年先を見越したものと考えていただいていいでしょう。なぜならば経営戦略は、経営環境によって大きく影響を受けるからです。いまのように環境変化の激しい時代においては、あまりにも長いスパンでシナリオを描くことは、現実的ではありません。一方で、1年程度の短いスパンで考えると近視眼的になり、あるべき姿に向かっていると思って進んでいたら、いつの間にか軌道からはずれてしまっていた、ということになりかねません。そのギリギリのラインが3～5年ということです。

　もちろん、想定した環境のようにはならないこともあるでしょう。というよりも、そうならないことのほうが多いものです。よって、環境変化に応じて見直し、修正していくことが必要です。

　また、シナリオ作成にあたっては、事務所の"強み"に着目することが何より大切です。高度経済成長に支えられて多くの企業が生まれ、また潤沢な利益を上げていたころは税理士が不足し、ほとんどの税理士が"勝ち組"に入ることができていました。

　しかし、いまはそれほど甘い時代ではありません。また、ネット社会の到来により、多くの情報が手に入りやすくなり、常に他の事務所と比較される時代にもなりました。そのようななか、他の事務所との違いを明確に打ち出していかなければ、お客様から選ばれ続けることは難しくなってい

ます。よって、他の事務所とは異なる事務所の強みを活かして、他の事務所に対する優位性を確保することも求められているのです。

　最後に、経営戦略を考えるときの大原則をご紹介します。それは**やらないことを決めること**です。

　名経営者として知られるかのジャック・ウェルチは、ＧＥ（ゼネラル・エレクトリック）のＣＥＯ時代、「選択と集中」という戦略を実行しました。いくつもある事業分野のうち、市場で１位か２位を取っている、あるいは取れる可能性の高い事業分野を選択し、そこに経営資源を集中投下することで市場での競争力を高め、一気に勝負に勝つという戦略です。勝ち目の低い事業分野を捨てることで無駄な戦いをなくし、勝負できる事業分野で優位な状態で勝ち続けることができる状態をつくり出しました。

　特に、経営資源の乏しい中堅・中小企業においては、この「やらないことを決めること」はとても大切なことです。手を広げれば広げるほど、１つの事業に投入できる経営資源は少なくなってしまうからです。この視点は、税理士事務所も同様です。

　「好きで、得意で、できること」に絞り、仮に儲かることがわかっていたとしても、「嫌いで、苦手で、やりたくないこと」には手を出さない、そういう肚括りが肝要なのです。

（4）経営計画は状況変化に気づくための安全装置

　４つ目の視点は「経営計画」です。経営計画とは、経営戦略を現実のものとするために、具体的に、「誰が」「何を」「どこで」「いつまでに」「どのような方法で」「どれだけの資金と時間を使って」やっていくかを明確にするものです。次ページ**図表2-8**をご覧ください。

図表2-8　経営計画の必要要素

Why	目的	なぜこの計画が必要なのか
What	実践事項	その目的を果たすために何をするのか
Who	責任者・担当者	誰が責任を負うのか、誰が行なうのか
When	期限・期日・期間	いつまでに・いつ・いつまでやるのか
Where	場所・部署	どこでやるのか
How	方法・手順	どのようにやるのか
How much	予算	どれだけの資金と時間をかけるのか

　このように、経営戦略を実現するための行動プランを5W2Hで明確にすることで、

□目的をきちんと理解して実践する
□何をやることが目標達成のために必要なのかを理解して実践する
□それぞれの責任者、担当者が自らの使命をしっかりもって実践する
□期限・期日・期間を明確に意識して仕事をする
□最も効果的・効率的な方法を意識して仕事をする
□資金予算、時間予算を意識して仕事をする

といった、好ましい仕事の仕方が実現できるようにもなります。
　どんなにすばらしい経営戦略が描けたとしても、それが実行されなければ意味がありません。まさに絵に描いた餅になってしまいます。一方で、経営戦略の実践にあたっては、さまざまな制約条件、すなわちできない理由が立ちはだかります。その制約条件をいかに解除していくかを具現化するもの、すなわちできない理由をいかに潰していくかを明らかにした具体的なストーリーが経営計画なのです。よって経営計画は経営戦略の実現に欠くべからざるものであり、その実践によってしか経営戦略の実現はならず、結果として経営理念ならびに経営ビジョンが現実のものとはなりません。経営計画の精度とその実践度こそが、経営のクオリティを規定するといっても過言ではないのです。

　ときに「経営計画なんて立てたってそのとおりにはならない。立てる意味がない」と言う方がいます。この考え方は、前半は正しく、後半は間違っています。

　経営計画は、たしかにそのとおりにはなりません。当たり前です。なぜならば経営計画は、「立てた途端に過去のもの」になってしまう宿命を背負っているからです。経営計画を立てるときには、その時点でわかっていること、見えている世界を前提に立案します。ところが状況は刻一刻と変化していきます。結果として、計画の前提とするところが変わってしまうのですから、計画どおりにいかないことが多くなって当然なのです。その点において「計画どおりにいかない」のは正しいといえます。

　しかし、もう一方の「立てる意味がない」は間違っています。逆にいえば、**計画どおりいかないからこそ計画が必要**なのです。

　図表2-9をご覧ください。このグラフは、横軸が「時間的経過」、縦軸が「成果」を表わしています。そして、直線①は時間的経過に比例して順調に成果が上がっていくことを想定した「計画」を、曲線②は現実の成果の実現度、すなわち「実績」を表わしています。①と②のギャップが「予実差」ということです。曲線②の先に延びる点線は、「このまま何も手を打たなければどうなるか」を考察した結果の「予測」であり、このままいけば計画どおりの成果が出ないことを意味しています。このギャップの認識

図表2-9　経営計画の必要性

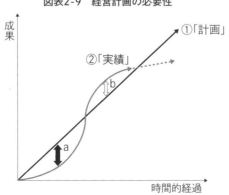

こそが、経営計画を立案する真の目的といってよいものです。

　たとえば、ａの状況、すなわち実績が計画を下回ってしまっている場合、考えられる理由は２つあります。１つは、計画で決めた行動が実践されていないということです。原因検証のなかでそのことが明らかになったならば、「なぜその行動が必要なのか」、改めて実践項目の意義を周知徹底するとともに、確実に実践していく状況および環境をつくり出さなければなりません。

　もう１つが、計画どおりに実践しているにもかかわらず成果が上がらない、という場合です。それは、知らずしらずのうちに状況が変化してしまっていて、当初考えていたやり方では成果が上がらない状況になってしまったということです。このケースで「状況が変わったのだから仕方がない」で終わってしまっては、計画を立てた意味がありません。想定していた状況のどこがどう変わったのか、その状況変化に適応する最良の対策は何かを、**ギャップが明らかになったその瞬間に検討し、実践**していかなければなりません。

　また、ｂの場合はどうでしょう。たしかに計画以上の成果が出ているのですから、好ましい状態であることは間違いありません。しかし、そこで満足してしまってはいけません。「なぜそのような好結果が出たのか」その背景を突き詰めていけば、当初想定していたよりももっと有効な手が打てるかもしれません。計画を上回る成果が明らかになった段階で、想定していた状況のどこがどう変わったのか、その状況変化に適応するいま以上に有効な対策はないかを検討し、実践していくことで、さらなる好結果を導き出していかなければなりません。

　このような検討は、計画があったからこそできることです。もし計画がなかったならば、状況の変化に気づくことができず、さらに有効な対策が打てないために、望む結果が出せない、ないしはせっかくのチャンスを見逃してしまう恐れがあるのです。状況の変化にタイムリーに気づくことができるのは、計画があるからにほかなりません。少なくとも、成果が出ようが出まいがただ目の前のことを一所懸命やって、１年経って「よかった

ね」「悪かったね」で終わってしまうことだけは避けたいものです。

このように、計画が存在することによって変化に気づき、早めの対処ができるようになるのですから、「計画を立てる意味がない」は大間違いなのです。

最後に、計画立案にあたって、1つ気をつけておかなければならないことがあります。それは、得てして「やらなければならないこと」よりも「やれること」の羅列で終わってしまいやすいということです。

そもそも経営計画は、経営戦略の実現のために策定するものです。そうであるならば、経営計画の基本的要件として、経営戦略との整合性が何よりも重要になります。

ところが、経営計画を策定する段階で起こりがちなのが、経営戦略との整合性よりも、実行のしやすさが優先されてしまうことです。その結果、それらの行動プランを積み上げても、経営戦略というシナリオどおりにはドラマが展開していかない、本末転倒の計画となってしまいます。

よって、計画にある1つひとつの行動の積み重ねが、確実に経営戦略の達成に近づいていくような計画であることを、きちんと検証しなければなりません。もちろん、そう簡単に達成できるものばかりではないでしょう。しかし、そういうテーマこそ、組織の本質的"革新"を実現できる絶好のチャンスとなるものです。

計画立案のプロセスにおいて、経営戦略を現実のものとするために「どうすれば可能になるか」を徹底的に考える習慣をつける機会にしていただきたいと思います。

(5) 経営管理で組織の最大限の力を引き出す

第5の視点は「経営管理」です。経営戦略が明確になり、それを現実のものとするための経営計画が立案されたら、次に組織を効果的、効率的に運営していくことが重要になります。その実現のために必要なのが、経営

者の具体的かつ重要な職務の1つである経営管理活動です。それは、**企業の目的・目標に向けて、企業のもてる現在の力を最大限発揮させるための一切の活動**といえるものです。

　経営管理の具体的内容に入る前に、管理という概念に対する正しい認識をもっていただく必要があります。なぜなら、日本においては管理というとあまりよいイメージをもたれないことが多いからです。

　以前、「管理教育」や「管理野球」などという言葉がもてはやされました。管理教育とは、学校や教員が一元的に児童・生徒のあり方を決定し、これに従わせる様式の教育方法、ないしその方針といわれています。これが多くの日本人の管理に対するイメージを植え付けてしまったように思われます。要するに「抑圧される」「強制される」といった印象が強いのです。

　しかし、経営における管理は、そのようなものではありません。そもそも管理には、おおむね2つの意味があります。和英辞典を引きますと、管理にはいくつかの英単語が当てられていますが、その中でも際だった違いがあるのがcontrolとmanagementです。そして、controlには「支配・統制・抑制・制御」などといった意味が含まれています。私たちが体験的にイメージする管理は、こちらに近いのかもしれません。

　経営における管理は、managementによるものを指します。現にmanagementは「経営する」という意味を含んでいます。このイメージの違いをきちんと認識していただきたいと思います。

　Managementにおける管理は、

①目的・目標に沿った計画を立案する
②その計画に基づいて実行する
③その結果をチェック・確認する
④目的・目標が実現できていれば後戻りしないように歯止め策を、不足するならば改善策を立案する
⑤改めて計画を修正・見直しする

というサイクルを回す、またそれを繰り返すことによって実現できます。よく耳にする「ＰＤＣＡサイクル」です。

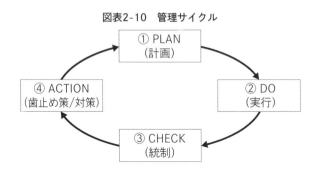

図表2-10　管理サイクル

① PLAN（計画）→ ② DO（実行）→ ③ CHECK（統制）→ ④ ACTION（歯止め策/対策）

　しかし残念ながら、経営においてはこれでは不十分です。経営レベルの管理は組織の成果と直結していますから、それを１サイクル経てうまくいかなかった結果を反省し、また計画修正を行なって実施するといったことでは、一度でうまくいっていれば不要だった時間やコストがかかりますし、タイミングを失して得られたはずの成果をみすみす逃すこともあるでしょう。ことによっては、倒産や廃業に追い込まれる可能性さえあり得るのです。

　目的を果たすためにはいくつもの方法が考えられます。しかし、実行はそのうちの１つしか採択できません。１つの方法を実行したということは、他の方法を採れなくなるということです。もし、その実行した方法よりももっと優れた方法が他にあったとすれば、それは現行案を採択することによって損失を被った、と考えられます。これを「機会損失」といいます。

　たとえば、急遽、東京から名古屋に向かわなければならなくなったとしましょう。さらに急いで向かわなければなりません。このときのあるべき姿は「少しでも早く名古屋に行く」ことになります。そう考えれば、最良の選択肢は「新幹線を利用する」ということになります。

　ところが、その日は車で移動していました。東京駅周辺に停められる駐

車場があるか心配ですし、そのあとどうしても行かなければいけないところがあり、ついついそのまま車で向かってしまったとしましょう。

新幹線で行けば、乗り継ぎを考えても2時間程度だったものが、車で移動したことにより5時間かかってしまいました。あるべき姿は「早く行く」ことでしたから、3時間のロスをしたことになります。新幹線を選択すれば得られたはずの3時間という時間（機会）を失ってしまったことになります。これが機会損失です。要するに機会損失とは、実際に発生した損失ではなく、最善の意思決定をしなかったことによって、より多くの利益を得る機会を逃すことで生じる損失のことを指すのです。

この機会損失が怖いのは、そこに損失が発生していることに気づかないケースが多いことです。そしてこの機会損失が積み重なれば積み重なるほど、成果に差が生まれてくるのです。本来だったら得られた利益を積み上げていき、いまより何倍もすばらしい事務所ができあがっている姿を想像してみてください。経営者はまず、この機会損失の重要性をきちんと認識する必要があるのです。

経営レベルの管理は、このような機会損失をできる限り少なくすることが重要です。

しかし、先ほどの事例のように「どうしようもない理由があったから仕方がない」と諦めてしまう場合もあるかもしれません。そんなとき思い出していただきたいのがイノベーションです。すなわち、できない理由の解除こそ、この機会損失の減少を現実のものとするために必要不可欠なものであり、この活動こそが、機会損失を最小限に抑えるために、なくてはならない視点なのです。

この観点に立ったとき、特に経営レベルにおける管理は、計画段階での精度が重要であることがわかります。すなわち、**計画そのものを管理する**という考え方が大切なのです。

では、そのような管理を実現するためには、どのような視点をもつことが必要なのでしょうか。この「経営管理」を機能図として表わすと、**図表**

2-11のようになります。

この図の特徴は3つあります。

□相互に擦り合わせをすることを前提としている
□計画の実践にあたって、組織を固定的に考えず、計画ごとに組織を見直すことを前提としている
□調整機能が中心に据えられ、すべての機能が相互に調整されるべきことを表わしている

図表2-11　経営管理サイクル

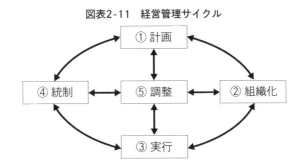

これが「計画そのものを管理する」という意味なのです。「段取り8分」といいますが、まさに計画段階で「あるべき姿が実現している」状態を目指すのが、経営管理の最も重要なポイントといえるのです。

では、それぞれの機能について、具体的に見ていきましょう。

①計画

まずは「計画」です。すでに前節で説明済みですが、経営管理のスタートに立つものであり、かつ経営管理の全体像を表わすものといっても過言ではありません。

この計画は、前述の「5W2H」で構成され、「成功の確信がもてるまで」練っていくことが大切です。ただし、計画段階ではどうしても詰め切れない場合もあるでしょう。そのようなとき、最後の最後に大切なのは、「自

分たちならできる」という "根拠のない自信" です。そのような自信がもてるような組織にしていきましょう。

②組織化

「組織化」において最も大切なのは、「既存の組織にこだわらない」ということです。たとえば中堅・中小企業の製造業において製造部長や工場長を任される人は、「技術では誰にも負けない」という人が多いものです。ところが勘や経験は優れているけれども、残念ながらデータ分析や科学的アプローチを苦手とされるケースも多い。そんな場合に「製造部長だから」と苦手なことを押し付けるのはナンセンスです。このような事象は、税理士事務所でもあり得ます。

何か新しいことに着手する場合は、その目的に沿って、役職などにとらわれず、その実現に最も適した人材を適材適所で配置することが何より大切になるのです。

③実行

計画が立案され、その計画に最も適した組織ができあがれば、とにかく徹底して実践することが大切です。計画そのものを管理した結果の実行ですから、やってみれば必ず成果が上がるはずです。

しかし、世の中はそう簡単ではありません。「やってみないとわからない」ことは当然あります。そのときに大切なのは、その場その場で適切に微修正を加え、目的の実現に向けて、大胆かつ的確に対策を切り替えていくことです。

また、実践にあたっては、これまでは必要がなかった知識や経験が求められるケースもあるでしょう。そのときは、敢然とその足りないものを補っていくことが大切です。

あとは動機付けを欠かさず、全体で目的の達成に向けて邁進していくことが重要です。

④統制

「統制」とは、チェック体制を構築することです。そのためには何より"見える化"が大切です。

まずは定量的分析ができる状態にすることです。その内容は、前述のビジョンで解説した項目もそうですが、経営管理上では、もっと細かい視点が必要です。1つの事例として、**図表2-12**を示します。このように細分化して確認できる状態をつくることが肝要です。

図表2-12　売上高の"見える化"の展開例

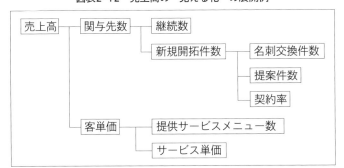

もう1つの視点が、定性的分析です。要するに、数字で表現できない内容です。たとえば、「お客様とどんな話をしたのか」「どんな提案をしたのか」「どんな質問を受けてどう答えたのか」は数値化できません。文字で残すしかないのです。これらの内容については、報告書や日報などを残すことで"見える化"することにより、チェック可能な状態をつくる必要があります。

⑤調整

経営計画を実践し、事務所の目的を達成するためには、職員が役割を分担して進めていくことになります。すると、仕事の整合性を保ち、進度を合わせるために、調整を図ることが不可欠になってきます。また、計画の

実践と日常の業務との調整も大切になります。

　しかし残念ながら、多くの税理士事務所ではこの調整機能の習慣化がされていません。具体的には、「会議体系」および「個別面談制度」が整備されていない、ないしは会議や面談は実施されているものの、調整機能としての役割が果たされていない、ということです。この会議体系および個別面談制度の整備が、調整機能の充実につながり、ひいては、経営管理体制の充実になるのです。

　ここまで明確になれば、あとは52ページ図表2-5の「⑹日常活動」における実践あるのみです。あなた自身はもちろんのこと、職員さんがイキイキ・ワクワク・ドキドキ働ける状況をつくりながら、経営理念・経営ビジョン実現のための経営計画を実践し、すばらしい事務所にしていっていただければと思います。

第 3 章

理想の事務所像を
明らかにする

1 経営理念をつくる 3つのポイント

　第1章でもご説明したとおり、継続的に成功し続けている事務所の共通点の1つ目は、**理想の事務所像を明確にしている**ということです。

　裏返せば、理想を明確にせずに開業すると痛い目に遭うということです。実際に、「まずは食っていけるように」と手を出した仕事が、その後抜け出すことができない苦労の元凶になってしまっていたり、「とにかく手当たり次第に」やっていたら、いつの間にか、やりたくもない仕事に追い回される日々を送る結果になっていたりといった例は枚挙に暇がありません。

　そのような状態に陥らないためにも、まずは理想を明らかにすることが大切です。それが、要らぬ苦労を招かない最大の秘訣でもあるのです。ぜひあなたの理想とする事務所経営を追求していっていただきたいと思います。

　このようにお伝えしますと、「理想なんて描いたって、どうせそのとおりになんかならない」と言われることもあります。たしかに現実はそうなのかもしれません。しかし、目指すものがないのにとりあえず歩き出すことがどれほど危険でロスが大きいことかは、想像に難くないと思います。また**嘘も言い続ければ本物になる**ものです。ぜひ高い理想を掲げてみてください。

　理想の事務所づくりをするうえで、最初に明確にしなければならないのが「経営理念」です。

　経営理念とは、第2章で詳説したとおり、次のような意義と価値をもったものです。

□事務所経営のあるべき姿を体系化した「経営ピラミッド」の頂点をなすものであり、

□経営者の意識が生業から脱皮して真の経営に目覚め、さらにその後の人間的成長によって進化・昇華をもたらす

□経営者の"熱い思い"を表現するものといってよいものであって、

□事務所にとっては成長・発展の"礎"、経営者にとっては"心柱"、職員にとっては"灯台"的存在であり、かつ外部に対しては事務所の"独自性"や"アイデンティティ"を伝えるメッセージとなるもの

本項では、このような特性をもつ経営理念をどのように明らかにしていくかについて、3つのポイントを押さえながら考えていきたいと思います。

(1)キーワード探索のための3つの着眼点

前述したとおり、経営理念とは経営者の人間的成長に応じて進化・昇華していくものです。ということは、これを明確にしようとする場合、まず経営者の人生を振り返る必要があります。

人はそれぞれ、育ってきた環境、受けてきた教育、歩んできた生い立ち、積んできた経験など、すべてが異なっています。まさに十人十色です。それらの内容を紐解くことによって、自らの熱い思いを込めることができる"キーワード"を見出していくわけです。

振り返りに際しては、次の3つの着眼点で検討していただくとよいでしょう。

①家=両親や祖父母などからの教え、または家訓のようなもの

両親や祖父母、またはご親類の方などから口酸っぱく言われていた言葉はありませんか。あなたが生まれてからずっと、それこそ育つ過程のすべてを知っている方が、他の誰でもないあなたに向けて口にされた言葉の数々は、間違いなくあなたにとっての珠玉の言葉たちです。また、家訓のよう

なものが残されている家もあることでしょう。それらの言葉には、あなたの人生における喜びも悲しみも、成功も失敗もすべてを包み込んだ、まさに慈愛と教導に溢れる心が詰まっているものです。ぜひこれを機に思い出してみてください。

②職＝職場で受けてきた指導やさまざまな経験からの学びや気づき

職業にはそれぞれ固有の大切なこと、大事なことがあります。税理士事務所で働く者には税理士事務所で働く者としての大切に、大事にしなければならないことがあるものです。そしてそれは、前職の先生や先輩たち、またはそこで出会ったお客様などを通じて教わってきたものであるはずです。税理士になることを心に決めたきっかけとなったことも、その内容に含まれるでしょう。

税理士を志してからきょうまで、さまざまな指導や経験を通じて学んだこと、気づいたことを拾い出してみてください。

③私＝自分の人生の中からの学びや気づき

家庭や職場以外でも、多くの出会いや経験を積んでこられたことと思います。そして、それらのことを通じて学んだこと、気づいたこともたくさんあるはずです。その内容を思い出しながら整理していただくとよいでしょう。

「ライフウェイク」という考え方があります。ライフは人生、ウェイクは航跡を意味します。航跡とは、船や航空機が通り過ぎたあとに残るあの波や雲の筋のことです。要するに“人生の足跡”といえるものです。自分が送ってきた人生の道のりを、航跡のように1本の線で表わしたものをライフウェイクとよび、その内容を記したものを、「ライフウェイクシート」といいます。具体的には**図表3-1**のようになります。

早速、次の手順でご自身のライフウェイクを作成してみてください。

図表3-1　ライフウェイクシート（例）

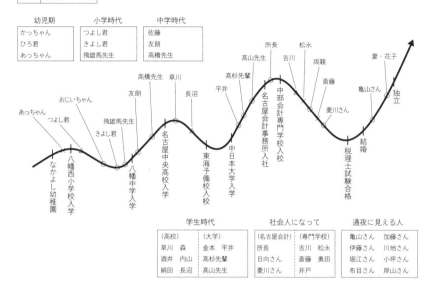

氏名 | 名南　太郎 | のライフウェイク シート記入例

作成日：○○年××月△△日

幼児期	小学時代	中学時代
かっちゃん	つよし君	佐藤
ひろ君	きよし君	友朗
あっちゃん	飛雄馬先生	高橋先生

	学生時代		社会人になって		通夜に見える人	
	（高校）	（大学）	（名古屋会計）	（専門学校）	亀山さん	加藤さん
	草川　森	金本　平井	所長	吉川　松永	伊藤さん	川地さん
	酒井　内山	高杉先輩	日向さん	斎藤　奥田	堀江さん	小坪さん
	絹田　長沼	高山先生	菱川さん	井戸	布目さん	岸山さん

【手順1】人生を1本の線で表現する

　誕生日が左端、きょうが右端に来るように、自分の人生を1本の線で表現します。これまでの人生をじっくりと振り返りながら線を引いてみてください。線は時間の経過を表わしますので、後戻りをしないように気をつけてください。

　ただ、人生にはそのときどきによって濃淡があるものです。ゆえに、1年の長さが均等である必要はありません。たとえば、小学校の6年間よりも中学校の3年間のほうが長くなってもかまいません。

　また、「幸福度」「充実度」「達成感」など、人生の評価基準を自分自身で設定し、そのときどきの評価結果を線の高低、すなわち山や谷をつけることによって表現します。評価基準は何でもかまいません。まずは自分の人生をどう評価するか、その評価基準を決め、そのうえで、その基準に合わせて山や谷をつけていきます。後で書き込みをしますので、線の上下に少しスペースを空けておいてください。

複数の評価基準を設けたい場合は、線の太さでその評価結果を表現してもよいでしょう。このことにより、「線の長さ」「線の高低」「線の太さ」という３つの基準によって、複合的に自分の人生を客観視することができるようになります。

　このようにして、自分の人生を１本の線で端的に表現してみてください。

【手順２】人生の節目となるイベントに印をつける

　線の上に、小学校・中学校・高校・大学などの入学・卒業や、就職、転職、結婚などといった人生の節目となるイベントに小さく印をつけ、その内容をメモします。

【手順３】そのときどきの思い出深い人をリストアップする

　「幼児期」「小学時代」「中学時代」「学生時代」「社会人になって」のそれぞれの時代に縁を結んだ友人・知人、または先輩や先生などを思い出してみてください。その中でも、よいことも悪いことも含めて、その時代を象徴する、または印象深いできごとの対象となっている人のお名前をボックスの中に記入していきます。もちろん、ご親族を含めていただいてかまいません。名前が思い出せない、ないしはそのほうがしっくりくるといった場合には、ニックネームや愛称でもかまいません。

【手順４】思い出に印をつける

　思い出の中には、もちろんいいものもあれば、そうでないものもあったでしょう。それらの内容を思い出しながら、次のような視点で区分し、線の上に印をつけていってください。

　① 嬉しい思い出→○
　② 他人に原因がある嫌な思い出→△
　③ 自分に原因がある嫌な思い出→×

そして、その思い出の中に登場した人の名前を、それぞれの印のところに記入します。同じ人の名前が繰り返し出てきてもかまいません。ただし、その思い出の内容は記入する必要はありません。

【手順5】「通夜に見える人」を記入する

　最後に、あなたが亡くなったときに、心から悲しみ、飛んで来てくれる人は誰かを思い浮かべてください。それだけの強い縁を結べている人の名前を「通夜に見える人」ボックスに記入します。

　このようにして、あなたのこれまでの人生の振り返りをしてみてください。特に大切なのは「手順4」です。補足して説明しておきます。

① 嬉しい思い出

　自分自身がどんなときに「嬉しい」や「楽しい」などといったプラスの感情が生まれるのかを考えてみましょう。そして、そのような感情に満たされている状態を想像してみてください。それが毎日続く経営ができたら、どれほどすばらしいことでしょう。そんな日々を送れる経営を実現したいものです。

　そのようなプラスの感情をもたらすものが、事務所経営において最も大切なキーワードといってもよいでしょう。

② 他人に原因がある嫌な思い出

　どのような理由であろうと、嫌な思いはしたくはないものですね。それが自分に原因がないとすればなおさらです。

　しかし、本当に自分にはまったく原因がなかったのでしょうか。本当は「○○しておけばよかった」「もっと○○すべきだった」と、自分の側にも足りないことや問題点があったのではないでしょうか。

　交通事故において、どんなに相手に原因があるといっても、お互いが動いている以上、10対0にはなりません。通常はこちらにも多少の非はある

第3章 ▼ 理想の事務所像を明らかにする

83

ものです。

　人間関係においても同じです。もしもう一度同じ状況だったら、どんな言動や立ち居振る舞いが大切なのかを考えてみてください。そこに大切なキーワードが隠されているものです。

③ 自分に原因がある嫌な思い出

　こちらは自分自身に原因があることですから、もう二度と同じ過ちは繰り返したくないですね。いまだったらどうしますか。何が大切だったかを考えてみてください。

　このような考察を通じて、自分の人生から学んだこと、気づいたことを明らかにし、経営理念の検討の参考にしていくのです。

(2)キーワードの具体的な集め方とまとめ方

　キーワード探索の視点は⑴のとおりです。じっくりと時間をかけて抽出していってください。

　しかし、そのようなまとまった時間を必要とする方法以外にも、経営理念のキーワードを探索することはできます。たとえば、テレビやラジオを見聞きしているときや本や新聞・雑誌を読んでいるとき、または街を歩きながらふと目や耳に留まる気になる言葉に出会ったことはありませんか。それらも重要な情報源になります。

　聞いたこともない英単語をはじめて耳にしていきなり意味がわかるなどということがないように、人はまったく経験のないことをいきなり思い出すことはありません。「気になる」ということは、何かの経験を通じて心に引っ掛かっている言葉だということです。その言葉を見逃すのはもったいない話です。ぜひその場でメモを取る習慣をつけていってください。

KJ法活用のすすめ

さて、上記のような取り組みを通じてキーワードを集めていくわけですが、その集めてきたキーワードを経営理念としてまとめていかなければなりません。そのときにおすすめしたいのが、ＫＪ法の活用です。

ＫＪ法とは、文化人類学者の故川喜田二郎氏が考案した、カードを利用したブレーンストーミング法です。ＫＪとは、氏のイニシャルから命名されました。

ブレーンストーミング法とは、「米国で開発された集団的思考の技術。自由な雰囲気で、他を批判せずにアイデアを出し合い、最終的に一定の課題によりよい解決を得ようとする方法」（『大辞林』三省堂）です。一般的には、複数のメンバーで、

□他人の批判をしない
□自由な発言を歓迎する
□質より量を求める
□連想や便乗を大事にする

といった原則に従って検討を進めていきます。

本項では、本来は複数人で行なうブレーンストーミングを１人で行ない、経営理念を明確にしていく手順をご紹介します。

【手順１】思いついたキーワードをカードに記入する

まずは、思いついたキーワードをカードに記入していきます。おすすめは、文房具店などで売っている名刺サイズの無地のカードです。外出時にもポケットに忍ばせておくことができますし、付箋のように破れたりすることがありません。

気になる言葉を発見したら、その場でメモしていきます。後で集まったカードを分類するというステップがありますので、「１ワード１カード」

にしていただくことがポイントです。

　また、記入前の無地のものと記入後のものが混在しないようにしたいものです。着物では、左の袖には清浄なるものを、汚れたものは右袖に入れるのだそうです。「左袖には神様がおわします」との言い伝えがそのいわれとのことですが、そうであれば、真っ白で清らかな紙は神仏（左ポケット）に任せて、よい言葉を思い出したら人（右ポケット）の手元に持ってくる、と考えるとよいかもしれません。

　いずれにしろ、経営理念づくりを頭の隅に置いて街に出ますと、広告のキャッチコピーや掲示板の内容など、それまで何とも感じなかった文字にも反応するようになるものです。楽しみながら右ポケットのカードを増やしていってみてください。

【手順2】カードを整理する

　ある程度、カードが集まってきたら、カードの整理を行ないます。通常、整理とは、要るものと要らないものを分けて、要らないものを捨てることですが、ここでは捨てる必要はありません。まったく同じ言葉であればホチキスなどで綴じます。1枚だけ残して後は捨ててしまってもよいですが、何度も何度も同じ言葉が残されているということは、それほど印象的な言葉だということができます。それがわかるように、捨てずにまとめて綴じておくとよいでしょう。

　次に、表現は違っているものの、ほぼ同じ内容の言葉をまとめます。ある程度まとまったら、その中でも最も「スッと入ってくる」言葉を選び、それを一番上にしてクリップなどでまとめておきます。

　ここでは無理してまとめる必要はありません。同じような言葉であっても、自分にとって「ニュアンスが違う」と感じたら、別にしておくとよいでしょう。また、どうしてもグループ分けできないものを無理にまとめる必要はありません。1枚だけ単独にしておいてください。

【手順3】 グルーピングする

　次に、クリップでまとめたカードを、さらに意味の近いもの同士をグループ化し、並び替えながらそれぞれの関係性を俯瞰します。

　また、このときに思いついた言葉があればカードを追加したり、もっと「スッと入ってくる」言葉に修正したりします。その繰り返しのなかで、どんどん自分の気持ちが整理されてくるのがわかると思います。

【手順4】 経営理念を明文化する

　最後に、"整理された気持ち"を経営理念としてまとめます。経営理念は経営者の熱い気持ちを表わすものですから、社会的責任を果たす限りにおいては、どのような理念をもとうが自由です。

　表現の仕方ももちろんあなたの好みでかまいません。単語の羅列でも長い文章でも、思いがこもってさえいればよいのです。「人間らしく生きる」「おもしろおかしく」「BIGになる」といった抽象的なものでもかまいません。

　ただ、抽象的な表現では、自分自身の"心柱"にはなるとしても、職員にとっての"灯台"や、外部への"メッセージ"としては曖昧すぎて伝わりにくい場合もあるでしょう。

　その場合は、行動規範や行動指針といったものを別途作成されるとよいでしょう。それはときに「フィロソフィ」や「クレド」などによって表わされます。

　たとえば京セラでは、フィロソフィとして、次のように表現しています。

《京セラフィロソフィとは》

　京セラグループの経営理念は、「全従業員の物心両面の幸福を追求すると同時に、人類、社会の進歩発展に貢献すること」です。私たちがめざす物心両面の幸福とは、経済的な安定を求めていくとともに、仕事の場での自己実現を通して、生きがいや働きがいといった人間としての心の豊かさ

を求めていくものです。また、常に技術を磨き、次々にすばらしい製品を世に送り出していくことによって、科学技術の進歩に貢献するとともに会社として利益を上げ続け、多くの税金を納めることなどを通じて公共の福祉の増進に貢献していきたいと考えています。この経営理念を追求するための行動指針として、またすばらしい人生を送るための考え方として、私たちが日々実践に努めているものが京セラフィロソフィです。

（京セラホームページより）

　このように、フィロソフィとは、経営理念を実現するために必要な考え方や行動の指針を示すものです。

　また、「クレド」と表現される場合もあります。辞書によれば「企業経営において、経営者や従業員が意思決定や行動の拠り所にする基本指針。簡潔かつ具体的な表現を用いる点、作成や改訂に従業員が関与できる点、実務に直結する点などが、経営理念や社訓などと異なる」（『大辞林』三省堂）とあります。まさに経営理念を実現するための行動指針を表わすものであることがわかります。

　いずれにしろ、経営理念がシンプルである場合は、ある程度具体的な指針を示すものを用意したほうが、よりその価値を高めることができます。その内容も、これまで検討してきた言葉たちの中からまとめていくとよいでしょう。

(3)検討内容を確認するための12の観点

　さて、このようにして検討してきた内容に対して、「自分の思いに漏れはないか」「大事なことを忘れてはいないか」を確認しましょう。特に、経営理念は自分の思いを明らかにするものであるとともに、職員にとっては"灯台"的存在になるものです。あなたがどんな思いで働いて欲しいのか、どんな考えで仕事をして欲しいのか、次の12の観点に照らして、内容を確認してみてください。

□自分や自分の人生に対して

□自分の家庭、家族に対して

□自分の仕事に対して

□事務所に対して

□私に対して

□職場の仲間に対して

□お客様に対して

□提供するサービスに対して

□営業活動に対して

□事務所の設備・備品に対して

□事務所運営に協力してくださる人たちに対して

□事務所を取り巻く環境に対して

　そのうえで、その時点において自分が最も腑落ちする経営理念を明らかにしていっていただきたいと思います。

　もちろん、その段階で最高のものができればよいのですが、残念ながらその保証はありません。しかし「最高のものができてから」では、いつになるかわかりませんから、ある程度まとまったら勇気をもって世に出してみてください。経営理念は、すでに述べたように経営者の人間的成長によって進化・昇華するものです。恥じる必要はありません。

　堂々と「いまの私の最高の思いです」と明文化し、自分に言い聞かせ、職員に語りかけ、外部に向けたメッセージとして発信していっていただきたいと思います。

2 経営ビジョンを描く大切な視点

　次に、「経営ビジョン」を明らかにします。ビジョンのほうがイメージしやすいため、実際には経営理念よりも先に明確になっているケースも多いと思います。それはそれでかまいません。経営理念が明確になった時点で改めて調整し、整合性を取れば済む話です。

　第2章でも説明したとおり「経営ビジョン」とは、

□事務所の10年先、20年先のあるべき姿を明らかにした"目標"であり、

□これが達成できたとき、経営理念が現実のものとなったことを明確に示すもので、

□経営者自身の意欲と覚悟の創出と、職員との夢の共有・共感、そして事務所を取り巻く人たちに対する公約として、欠かすことができないもの

といえます。そしてそのビジョンは、手を伸ばせば届くようなレベルのものではなく、**いまのままでは手が届かないけれども絶対に達成させたいと心から思えるような魅力的なもの**でなければいけません。

　そのような魅力的なビジョンを策定するためには、2種類のビジョン、すなわち、定量的ビジョンと定性的ビジョンが必要でした。それぞれについて、具体的に考えていきましょう。

(1)定量的ビジョンを明確にする

　税理士事務所における定量的ビジョンには、おおむね次のような内容が該当します。

□規模を表わすもの　：売上高・職員数・関与先数・支店数など

□効果性を表わすもの：関与先黒字率・関与先成長率など

□生産性を表わすもの：労働生産性・時間単価・○日決算達成率など

□方針を表わすもの　：自計率・書面貼付率など

このような数値で表現できるゴールを明確にすることによって、事務所がどこに向かい、何を達成しようとしているかを明確にすることができ、職員さんとともに目指すものがはっきりとします。そして、達成できたとき、ともに経営理念が実現できていることを実感することができるようになるのです。

さて、ビジョンとして位置づけるかどうかは別として、明確にゴール設定をしていただきたいものがあります。それが「職員数」です。なぜならば、何人の事務所を目指すかによって、あるべき事務所の姿が変わってくるからです。

これまでお会いしてきた開業税理士の方々が目指されるいくつかのケースを例示することで、その意味を感じていただければと思います。**図表3-2**と照らし合わせながら読んでください。

図表3-2　税理士事務所の従業者規模別事業所数
（2016年）

従業者数	事業所数	構成比
1〜4人	17,902	63.0%
5〜9人	7,617	26.8%
10〜19人	2,316	8.2%
20〜29人	360	1.3%
30人以上	209	0.7%
合計	28,404	100%

（総務省・経済産業省「経済サイエンス」より作成）

【ケース1】

● すべてのお客様を自分で担当したい

● そんなに職員を雇いたくない（できれば1人でやっていきたい）

　開業税理士の希望として、最も多いケースのようです。図表3-2からもわかるとおり、実に60％以上の事務所が職員数1～4人となっていますから、実態に即した希望といえます。経営とは、組織をよりよくしていくことが目的なのですから、そもそも規模の追求をする必要もありません。

　逆に、次のような話もあります。すべての関与先を職員に任せている事務所の所長先生が、あるクリニックのドクターから「私たち医師は、資格者である私たちが直接患者さんを診察します。なぜ税理士は同じ国家資格者でありながら、直接私たちの面倒をみてくれないのですか？」と言われたのだそうです。たしかに、そう言われてしまうと返す言葉がありませんね。その意味において、「資格者である私が、すべてのお客様の面倒をみることが私の使命」とされることは、とてもすばらしい考えであり、国家資格者としてあるべき姿といえるのかもしれません。

　ただ、1つだけ考えていただきたいのは、第1章でもお伝えしたとおり、自分に何かトラブルがあり、その使命が果たせなくなったときどうするのか、またその結果、家族を路頭に迷わせてしまう可能性はないか、という点は十分考えておかなければなりません。

　また、あなたが大変すばらしい価値を提供されているのであれば、それをあなた以外の人でも提供できるようにすれば、さらなる貢献ができるようになります。そのような観点も考慮して、検討してみてください。

【ケース2】

● お客様を担当できる職員を育てていきたい

● せめて10人くらいの事務所にしたい

　実際に、図表3-2では、2番目に多い26％強の事務所が職員数5～9人となっていますから、「10人くらい」というのは、「できれば自分1人で」に次ぐ規模感ということになります。

【ケース１】においては、お客様対応は自分１人で行なうことが前提ですから、職員に求める仕事は所内での資料作成のみであり、彼らに求めるものは「業務処理能力」だけということになるでしょう。業務処理能力であれば、マニュアルを用意し、作業指示書を充実させ、訓練を繰り返してもらうことで高めていくことができます。

　しかし、お客様を担当してもらうということになれば、業務処理能力に加えて「対人対応力」も求められるようになります。対人対応力は、マニュアルや指示書を与えるだけで養うことはできません。もちろんそれを担うことができるだけの人材を採用することも必要ですが、それ以上にあなた自身が「人材育成」と「品質管理」という新たな機能を有する必要が生じることになります。【ケース１】とは少し世界が違ってくるのです。

【ケース３】

● せめて20人くらいの事務所にしたい

● 組織的な運営をしたい

　これまでの経験則でいえば、"規模拡大"を目指す方の１つの目安が「20人くらい」というところにあるようです。この目標は、図表3-2において、10〜19人と20〜29人を足しても全体の10％にも満たない実情を考えれば、少数派の積極的な運営をしている事務所といえるでしょう。

　この規模になってきますと、また新たな視点が必要になってきます。それは、１人の上長が直接に管理し得る部下の人員数および仕事の領域の範囲を指す"統制の限界"という概念です。この限界値は、職種や組織の体制など、複数の要因によって変化しますが、私たちの経験則でいえば、いわゆる知的作業者の集団の場合、６人がその限界です。税理士事務所の仕事は間違いなく知的作業に該当しますから、この「統制限界」を意識した組織づくりが必要です。

　次ページ**図表3-3**をご覧ください。このグラフは、点線の矢印が「人を入れればその人数に比例して成果が上がる」状態を意味しています。しかし、実際は人数と成果には正比例の関係はありません。現実には実線の矢

印のようになるとお考えください。少し強調して示していますが、知的作業者の人数と成果の関係として、6人までは人数以上の成果を上げていくことができますが、その後は、1人当たりの成果が徐々に下がっていくことを意味しています。なぜならば、6人を超えるとどんどん目が届かなくなり、1人ひとりのパフォーマンスを十分に引き出せなくなってしまうからです。

図表3-3　人数と効率の関係

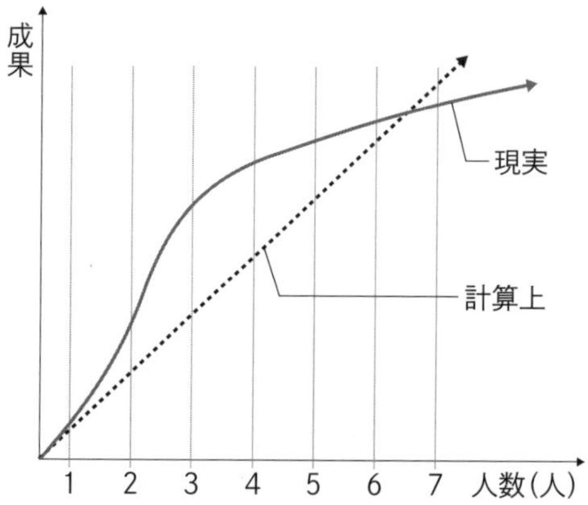

　この数字を示しますと、「うちの事務所は10人を超えているけれども、私1人で十分管理できている」とおっしゃる方がいます。たしかに能力が高い方であれば、10人を超えていても大丈夫な場合もあります。しかし、ご自身はそう思っていても、実は現場は疲弊しきっているという事務所は少なくありません。「十分管理できている」のではなく、ただ単に見ているだけで、「問題に気づけていない」可能性があると考えておいたほうがよいでしょう。

　よって、10人超えを目指すのであれば、自分以外にもう1人、管理できる人材が必要になってきます。20人ともなれば最低2人、できれば3人のリーダー的存在が必要になります。そして所長には、そのリーダーを育てるための「管理者育成」と、複数のチームを組織し、管理・監督していく

ための「組織編成」という機能・役割が必要となってくるのです。

【ケース４】

- ●もっともっと大きくしていきたい
- ●税務会計以外の業務にも携わっていきたい

　数はそれほど多くないようですが、規模をどんどん大きくしていきたいという希望をもたれる方もいます。統制限界の考えに基づけば、チームをまとめる管理職が６人を超えるようであれば、その管理職を束ねる部長的存在が必要となってきます。さらに規模が大きくなれば、その部長たちを束ねる存在が必要になってくるのです。

　また、規模が大きくなればなるほど、いわゆるNo.2といわれる存在が欠かせなくなります。逆にいえば、No.2不在の事務所で、大規模化することは困難であるとの認識が必要です。

　ここでいうNo.2とは、トップの指示をただただ受け入れるだけの"イエスマン"的な存在ではありません。トップが不在であっても事務所を回していけるほどの存在でなければならないのです。その点が、トップがいなくなっても発展を続けることができる事務所と、トップがいなくなったとたん、崩れていく事務所の違いともいえます。

　私ども名南経営の創業者の右腕は、「意思決定の95％は事後決裁だった。残りの５％は事前に相談していたが、その回答のほとんどは"YES"だった」と言っていました。まさに真のNo.2とは、そのように**トップの心情を己のものとしている**存在をいうのだと思います。ぜひ、そんなNo.2を見出し、育てていっていただきたいと思います。

　ここまで４つのケースについて、それぞれの特徴と求められる機能・役割を考えてきましたが、その内容をまとめると次ページ**図表3-4**のようになります。そして「所長の役割」は、職員数が増えるごとに追加されていくことになるのです。

　あなたが目指したい職員数の規模と、獲得しなければならない要件につ

図表3-4　職員数とその特徴

ケース	人数	特　徴	所長の役割	職員への 期待能力
1	5人 まで	所長1人がすべての関与先を担当 職員は書類・帳票作成のみ	すべて	業務処理 能力
2	10人 まで	主要先以外の関与先は職員が担当 所長がすべてのチェック・検算を実施	人材育成 品質管理	対人対応力
3	20人 まで	4〜5人程度の部門リーダーが必要に 2〜3課体制へ移行	管理者育成 組織編成	リーダー シップ力
4	20人 超	複数部門を束ねる存在が必要に 最終的にはNo.2の育成が成長のカギ	経営陣育成	経営能力

いて、イメージはできたでしょうか。

　少なくとも「10人を目指していたのに、いつの間にか20人になってしまった」事務所は不幸です。本来必要なリーダーが育っておらず、現場を管理・監督することができないからです。新しく入ってきた職員を育てることもできず、結果、できる人に仕事が集中し、できる人がどんどん疲弊していきます。そして、その一部の人が退職しはじめ、「逃げるが勝ち」「残った者が損をする」といった負のスパイラルに陥ってしまうことになるのです。

　逆に、「20人事務所の要件を満たしながら、10人で落ち着いている」事務所は幸せです。トップの意向を汲んだリーダーが全体を見渡し、新人を育成し、全体の不足をカバーしていきます。そのリーダーとともに全職員が目標に向かって邁進することができます。

　もし、「本当は10人くらいでいいんだけど」と思われるならば、20人の事務所づくりを目指してください。要するに、**1つ上の理想を目指すこと**が大切です。

　どのような経営ビジョンをもっていただいてもかまいませんが、少なくとも職員数の理想像だけは、明らかにしていただきたいと思います。

1人1時間当たり売上高を常に意識する

もう1つ、ビジョンに加えるかどうかは別として、明確に意識していただきたい数値があります。それが「1人1時間当たり売上高」という生産性に関わる指標です。

$$1人1時間当たり売上高 = \frac{売上高}{労働時間}$$

考えてみてください。この生産性指標が低いという状態は、

「こんなに働いているのにこれだけしか売上がない」
「これだけの売上しかないのに、こんなに労働時間が長い」

のいずれかということになります。そのような事務所が理想的であるはずがありません。理想は、より少ない労働時間でより多くの売上高を獲得できる事務所になることです。労働集約型である税理士事務所においては1人1時間当たり売上高はとても重要な指標なのです。

ここでいう「労働時間」は、事務所で働くすべての人が事務所の業務に関わったすべての時間を意味します。お客様担当をもつ職員だけではなく、契約・嘱託・派遣・パート・アルバイトといった雇用形態の人の労働時間も含みます。また、すべての職員の残業や休日出勤における勤務時間も含んだ労働時間です。

さて、この1人1時間当たり売上高ですが、直接的なデータはないものの、総務省や国税庁などから出ている統計などから推計すると、一般的な税理士事務所における労働生産性は3,500円前後であるようです。残念ながらこれは他業界と比べてとても低い数値です。またこのような状態では、職員に十分な報酬を支払い続けることは難しいでしょう。

私どもがお付き合いしている事務所のうち、効率的な運営がなされてい

る事務所は5,000円を超えています。また、6,000円以上を実現している事務所もあります。ぜひ最低でも5,000円、できれば6,000円以上の高生産性事務所を目指して欲しいと思います。

　もちろん、人を入れると一時的に生産性が落ちます。よって、常に高生産性を維持し続けるということではなく、新たに入った人の成長を考慮しながら、徐々に生産性を高めていくという見方が必要です。

　いずれにしろ、1人1時間当たり売上高は常に意識していただきたいと思います。

　最後に、数値化できないものであっても、"視覚化"することができるビジョンもあることをお伝えします。たとえば、「自社ビルを建てたい」とか「クルーズ船を購入して、職員と一緒に世界一周したい」といったような内容です。そのような内容であれば、具体的にイメージできるものを用意しましょう。

　自社ビルであるならば、模型やパース（建物の外観や室内を立体的な絵にしたもの）を、クルーズ船であれば、実際に手に入れたいもののカタログや写真などを入手し、常に目にふれる場所に置いておくのです。

　人間は、目標が具体的であればあるほど、その獲得に向けた意思と意欲が醸成されるものなのです。

(2) 定性的ビジョンを明らかにする

　さて、もう1つの掲げるべきビジョンは、数値では表現できないビジョン、すなわち"定性的"ビジョンです。具体的には、次のように表現されるものです。

「○○No.1事務所」「日本一○○な事務所」
「○○を続ける事務所」「○○があふれる事務所」　　など

○○の中には、たとえば、下記のような文言が入ります。

□所内の雰囲気　：アットホーム、笑顔、快適、共感
□職員のありよう：成長、幸せ、豊か、健康、努力、満足、挑戦
□事務所の印象　：信頼、魅力的、フェア、革新・クリエイティブ、
　　　　　　　　　先進的・リーディング、独自・オリジナリティ

　もちろんこれ以外の視点もあるでしょうし、どの分類にも当てはまらないものもありますから、そこは柔軟に考えていただければと思います。
　ここで、「何をもってNo.1や日本一といえるのか？」という疑問を感じる人もいるかもしれません。でも大丈夫です。自分たちが「No.1」「日本一」だと思えば、それで達成です。定量的な評価、ないしは相対的な比較ができないのですから、事務所の構成員全員がそう感じていたらそうなのです。
　みなさんは、「世界一幸せ」といわれている国をご存じですか。ブータン王国です。ところがそのブータン王国、国の経済力を表わす指標のＧＤＰ（国内総生産）では、世界で160位前後です。国連が毎年国際幸福デーに発表する「世界幸福度ランキング」でも100位前後であり、いずれも「世界一幸せな国」には程遠い結果になっています。
　ではなぜ、「世界で一番幸せな国・ブータン」といわれるのでしょうか。それは、ブータン国民に「幸せですか？」と尋ねると「はい」と答える人がほとんどだからだそうです。「１日３食べられて、寝るところがあって、着るものがあるという安心感」、それだけで満ち足りて幸せと思える、それがブータンの人々の幸福感であり、その考えに基づき、「自分たちは幸せだ」と胸を張って言うことができている、だから「世界一幸せな国」といわれるのです。
　先の「世界幸福度ランキング」は、各国の国民に「どれくらい幸せと感じているか」を評価してもらった調査に加えて、GDP、平均余命、寛大さ、社会的支援、自由度、腐敗度といった要素を元に幸福度を計るそうです。

ＧＤＰが160位前後であるにもかかわらず、世界幸福度ランキングが100位前後ということは、もし"精神的幸福度"だけで調査すれば、たしかに１位なのかもしれません。

　ブータン国民の幸福感と同じように、所属するメンバー全員が「日本一幸せ」と感じれば「日本一幸せ」ですし、「笑顔No.1」と思えば「笑顔No.1」ということなのです。

　この定性的ビジョンは、特に組織構成員にとってとても大切なものです。そこに示されるものが心から望む理想の姿であれば、間違いなく自分自身の精一杯の努力と時間を割いていくことができ、とても充実した日々を送ることができるでしょう。そして同じ志をもつ人たちと一緒に理想を実現していく、そういう職場で働けることがどれほど幸せなことか、想像に難くないと思います。その目指すべき姿を表わすものが定性的ビジョンです。

　またこの定性的ビジョンは、職員採用においても大きな力を発揮します。ビジョンの実現を本気で目指し、熱くビジョンを語るあなたと一緒に人生を歩んでいきたいと思う人も現われることでしょう。第６章でお話しする真のパートナーとなり得る職員の採用の実現には欠かせないものといってもよいでしょう。

　ぜひ熱い思いに基づく明確な理想をビジョンとして掲げてみてください。

　最後に、経営ビジョン策定に際しては、事務所が社会の公器として公益性の責任を果たさなければならない以上、事務所を取り巻くすべての社会、すなわち37ページ図表2-2「企業の社会貢献」で示した「お客様」「取引先」「社員（職員）およびその家族」「地域および地域住民」「債権者」「国・地方公共団体」「地球および環境」などを想定しながら策定する必要があります。広い視野をもって、経営ビジョンを検討していただければと思います。

3 「一番好きで得意でしたい」事業を実現する

経営ビジョンが明らかになれば、その実現のための「経営戦略」を立案していくことになります。経営戦略とは、

□経営理念および経営ビジョンを現実のものとするための"シナリオ"であり、
□将来を見据えて中長期的視野に立ち、
□事務所の"強み"に着目して、
□現在の経営資源にとらわれずに立案していくもの

でした。

そして、正しい経営戦略を立案するためには、第2章でも解説したとおり、次の3つの条件を備える必要があります。

①成長性・収益性の高い事業分野に属し続けること
②その事業分野における成功要因を把握していること
③その成功要因を獲得するための確かで間違いのない施策を打つこと

この中で最も大切なのは、①の要件を備えることです。事業分野とは、「誰に、何を、どのような方法で提供するかを明確にした領域」です。この選択が誤ったものであれば、いかに成功要因や施策が正しいものであったとしても、経営理念や経営ビジョンを実現するための最短ルートにはなり得ず、多くのロスや損失を伴うものになってしまうでしょう。最悪の場合、衰退への道へと突き進むことになる恐れさえあります。

さて、税理士業界における事業分野選定のポイントは、それほど**大きなマーケットを必要としない**ということでした。職員が５人なら５人、10人なら10人、50人なら50人を食べさせていけるだけのマーケットがあれば十分ということです。

　そうであるならば、「好きになれないこと」「やりたくないこと」「苦手なこと」まで手を出す必要はありません。何よりも、何をやらないかを決めることが大切であり、あなた自身が「好きなこと」「できること」「得意なこと」に絞っていくことが求められるのです。**大好きなお客様に、一番提供したいサービスを、一番得意な方法で提供する**、それが一番なのです。残念ながらその領域だけでは職員を養っていくことができないのであれば、もう１本、もう２本とその柱を増やしていけばいいのです。

　それでは、事業分野を明確にするために、「ターゲット」「サービス・業務内容」「提供方法」の３つの視点に区分して、具体的な方法を考えていきましょう。

（1）まずはターゲット顧客を明確にする

　事業分野とは、誰に、何を、どのような方法で提供するか、その領域を示すものであるとすれば、まず明らかにしなければならないのは、「誰」をお客様にするか、という視点です。法人なのか個人なのか、または業種で絞るのか絞らないのか、どれくらいの規模のお客様とお付き合いしたいか、など、さまざまな視点でお付き合いしたいお客様を明らかにしていきます。本項では、その代表的な視点をいくつかお伝えします。

①業種で絞り込む

　まずは業種で絞り込むことです。成長性・収益性の高い事業分野に属し続けるためには、何よりも誰をお客様にするかがとても大切です。その点において、今後、成長・発展する業種に特化・強化することができれば、

その成長・発展に伴って、事務所も成長・発展を実現することができるでしょう。

　また、業種を特化することには、次のようなメリットがあります。

　　□業務が標準化しやすい
　　□ノウハウが蓄積しやすい
　　□紹介が得られやすい
　　□業界内での知名度を高めやすい
　　□付随サービスを開発・提供しやすい
　　□お互いに顧客紹介し合うことができる提携先を獲得しやすい

　どのような業種があるかについては、総務省の「日本標準産業分類」を参考にしていただくとよいでしょう。
https://www.soumu.go.jp/toukei_toukatsu/index/seido/sangyo/index.htm

　ときに「業種特化をすると、それ以外の業種のお客様から敬遠される」といった声もありますが、それは誤解と考えてよいでしょう。私どもも医業のお客様が全体の40％を占めており、「医業の名南」といわれることもあるのですが、一般企業のお客様は、そのことをほとんどご存じありません。なぜならば一般企業のお客様に医業向けサービスの案内をしないからです。もちろん、一部のお客様はご存じですが、そのために「一般企業向けのサービスが悪い」と思われることもありません。「それはそれ、これはこれ」なのです。

　また、地元の同業者の中に、希望する業種に強く、多くのお客様を囲い込んでいる事務所があるかもしれませんが、それもそれほど気にする必要はありません。どんなにすばらしい事務所であったとしても、100％囲い込むことは無理だからです。

　そもそも、税理士業界は寡占化が進みづらい業界のようです。実際に、どれだけ業種を特化したとしても、そのエリア内において10％以上のシェ

アをもつ事務所は見当たりません。寡占化が進まない業界であることは、まぎれもない事実なのです。

また、どんな業界においても、特化すればするほど「アンチ」と言ってはばからない人たちも出てくるものです。間違いなく進出の余地はあるものです。「あの事務所があるから難しい」と諦めず、本当にその業種の会社や事業所とお付き合いしたい、その業種のお役に立ちたいと思うならば、思い切って特化していただいてよいと思います。

②エリアで絞り込む

エリアを絞り込むことも有効です。"地元密着"というキーワードは、この業界においては決して軽くは扱えないものです。身近な人にいて欲しい距離のことを「味噌汁が冷めない距離」というそうですが、まさにそのような身近な事務所に対しては、一定の愛着や親近感がもたれるものです。まずは味噌汁が冷めないほどの狭いエリアをターゲットとして、徐々に広げていくという発想は、意外に有効です。

またエリアを絞り込むことで、後ほどご説明する、地元の金融機関や商工会議所などとの提携がしやすくなるというメリットもあります。

③事業規模で絞り込む

大手・中堅・小規模・零細など、お客様の事業規模という視点で絞り込むという発想です。もちろん「お付き合いしたい」ことが前提ですが、現在増加傾向にあるものの既存の事務所が手を出したがらない小規模事業者に特化することは、これからお客様を増やしていこうとする事務所としては検討の余地があります。

④志向(価格・対応・機能など)で絞り込む

お客様が税理士事務所の提供するサービスに対して、何に重きを置いているかによって選別するという視点です。お客様のウォンツ、ニーズに着目した視点といってよいでしょう。顧問料や対応の仕方など、お客様の好

みにマッチしたサービスを提供するという視点に立って特定のターゲットに特化し、その顧客層の取り込みを図ることになります。具体的には、「低価格サービス」や「オンライン対応」「クラウド会計導入」などの視点がこれに該当するでしょう。この絞込みがうまくいけば、業種やエリアを超えたクライアントの獲得につなげていける可能性があります。

⑤状況（経営状況・経理状況など）で絞り込む

　お客様が置かれている状況に的を絞ってサービスを提供するという発想で、たとえば、経営状況が芳しくないとか、経理がうまく機能していないといった課題を抱えているお客様に特化する、という視点です。

　この視点は、その悩みを抱えている経営者が多いという観点において、十分なマーケットとは成り得るものの、なぜそのような状況になっているのかを考えた場合、それなりの苦労を伴うものであることは覚悟しておく必要があります。

　しかし、ウォンツやニーズが明確であることは確かですから、マーケットにアプローチがしやすい視点といえます。

　いくつかの視点をご提示しましたが、ターゲットの選定において忘れてはいけないことを最後に3つ示します。

□顧客を選ぶ事務所は顧客に選ばれるようになる。顧客を選ばない事務所は顧客に選ばれなくなる
□付き合いたくない人とは付き合わない。付き合いたくない人を明確にして、どんなことがあっても絶対に付き合わないと心に固く決める
□質のよいクライアントが増えれば、質のよい職員が増える

（2）提供サービスを絞り込む

　次の視点が、提供するサービスを明確にすることです。要するに、好き
で、得意なサービスに特化するということになります。
　税理士事務所においてサービス特化を考える場合、大きく２つの視点が
あります。たとえば、資産税や事業承継税制に特化するといった“税目”
に着目した絞り込みと、記帳代行や資金繰り改善、またはＭＡＳ業務やＭ
＆Ａ支援などといった“周辺サービス”への展開です。周辺サービスとは、

　　□経理改善指導　□BPO（ビジネス・プロセス・アウトソーシング）
　　□決算対策　□資本政策　□事業承継対策　□事業再編　□相続対策
　　□経営計画立案支援　□海外進出支援　□開業支援
　　□資金繰り改善　□補助金・助成金申請支援　□事業再生支援
　　□Ｍ＆Ａ支援　□資産形成支援　□人材育成

などといった内容になります。
　これらの視点は、61ページの図表2-7に示した「事業分野選定の３つの
視点」に照らし合わせれば、税目特化は「①絞込み」、周辺サービス特化
は「②業際進出」や成長事業分野との「③結合」と考えてよいでしょう。

　特化サービスへの絞込みの仕方について、具体的には次の手順で考えて
みてください。

Step1 　サービス候補をリストアップする

　まず、候補となるサービスメニューをリストアップします。
　１つ目の視点は、「これまで取り組んできたこと」です。現在行なって
いるサービスに加え、以前勤務していた事務所で手がけたことのあるもの
も含めて考えてみてください。

出尽くしたら、今度は「やってみたいと思っていた」ものと「これから必要になると思う」ものを加えてみてください。この段階においては、できる、できないの判断は不要です。あくまでも「やってみたい」「これから必要になる」という点で検討してみてください。最終的には**図表3-5**の空欄を埋めるイメージです。

図表3-5　サービスメニューのリストアップ

視点	サービスメニュー
これまで取り組んできたこと	
やってみたいと思っていたこと	
これから必要になると思うこと	

Step2　内的要因で「やる」「やらない」を判定する

　次に、リストアップされたサービスメニューについて、内的要因から、「やる」「やらない」を判定します。

　内的要因には大きく2つの視点があります。1つ目は、「好き」もしくは「好きになれそう」かどうかという視点です。判定は、○・△・×程度の区分でよいでしょう。便宜上、"好意度"としておきましょう。

　「好きこそものの上手なれ」といいます。逆に、好きでもないことを一生の仕事にしていくことは、何よりも辛いものです。せっかく独立して好きなようにできるようになったのですから、少なくとも嫌いな仕事までやる必要はないでしょう。

　次に、「他事務所との違いを明確に打ち出せる」もしくは「打ち出せそう」かどうかという視点です。その意味では"差異度"といってもよいでしょう。こちらも○・△・×程度の区分でかまいません。

　ここでいう他事務所とは、互いに影響を及ぼし合う事務所を指します。よって、ある業務において全国的に有力な事務所があったとしても、自分の事務所に直接的な影響がなければ視野に入れる必要はありません。

これまでやったことがないサービスや業務内容については、直接的に差別化できるものはないかもしれません。しかし、「これまで取り組んできた」内容が、間接的によい影響を及ぼすことはあります。たとえば、相続業務に直接携わったことがなくても、相談に乗られたことはあるはずです。当事者としては差別化といえるようなものとは感じられなくても、経験のない人にとっては価値ある情報をもっている人と思ってもらえるものです。少なくとも「△」の価値は十分にあります。差異度を考える場合は、主観ではなく常にお客様の立場に立って考えることが大切です。

　これで、好意度と差異度が明らかになりました。この段階でまず、**図表3-6**のように、「やる」「やらない」の判定をしてみてください。基本的には、好意度優先で、好意度の高いもののうち、差異度が「×」でないものが「やる」判定という視点で考えていただくとよいでしょう。

図表3-6　内的要因による判定基準（例）

内的要因		判定
好意度	差異度	
○	○	やる
○	△	
△	○	
△	×	やらない

　戦略上、特に大切なのは「やらないことを決める」ことです。そして、「やらない」と決めたことは覚悟と勇気をもって「捨てる」ことが大切です。捨ててしまえば、選択したことがうまくいかなかったときに、「あっちをやっておけばよかった」などといった後悔は生まれません。将来の後悔も同時に捨てられるというものです。

| Step3 | 外的要因で優先順位を決める

　次に、外的要因の視点を加えることで、「やる」内容の優先順位を明ら

かにします。外的要因とは、"成長性"ならびに"収益性"が高いかどう
かを見る視点であり、選択したサービスメニューが客観的に見て魅力的な
ものかどうかを見極めるものです。

　まず収益性ですが、ご存じのとおり、そのサービスに投資する元手と、
そこから稼ぎ出すことができる利益との関係で表わされるものであり、少
ない元手で多くの利益を上げることができるかどうかが判定のポイントと
なります。

　ここで気をつけていただきたいのは、収益性を"単価"だけで判断しな
いことです。第1章でもお伝えしましたが、たとえば、月額顧問料が
50,000円の先と10,000円の先では、金額だけで判断すれば前者のほうがよ
り収益性が高いように見えますが、業務に費やす時間がそれぞれ10時間と
1時間であれば話は変わります。1時間当たりの稼ぎ高、すなわち時間当
たりの収益性は、前者が5,000円、後者が10,000円となります。

　また、業務に10時間かかる50,000円の先ばかりであれば、100時間で10
件の担当しかもつことができませんから、1人当たり売上高は月500,000
円です。一方で、1時間で済む10,000円の先だけであれば、同じ100時間
で100件担当でき、1人当たり売上高は月1,000,000円となりますから、1
人当たりの収益性も高いといえます。

　少々極端な例ではありますが、ここでお伝えしたいのは、単価のみにと
らわれることなく、いろいろな角度から検討することが大切だということ
です。

　さらに、投資金額によって収益性が変化することも忘れてはなりません。
たとえば、自己資金が100万円として、投資額をその範囲内でしか考えな
いとすれば、どれだけ収益性の高いサービスメニューが目の前にあったと
しても「手が出せない」場合もあるでしょう。

　ところが、どうしてもそのサービスを提供したいと900万円の借入れを
することで投資可能額が1,000万円になれば、その収益性の高いサービス
に着手できるかもしれません。要するに投資金額によって収益性が変わっ

てしまうということです。

　よって、真の収益性を考える場合は、いま手元にある資金の範囲内でできることを考えるのではなく、内的要因で「やる」と判定したサービスメニューの中で、

　　□収益性の高いサービスは何か
　　□そのサービスに着手するためにはどれだけの投資が必要か
　　□それだけの投資額を確保するためには何が必要か

との問いを繰り返し、**それだけの投資をしても十分なリターンが期待できるのであれば着手する**、といった思考法が必要であるということです。

　さて次に成長性ですが、これは読んで字のごとく、そのサービスメニューが今後成長していくかどうかで判断します。

　ただ、こちらも一面的に捉えてはいけません。たとえば、記帳代行を例にとると、「記帳代行は今後なくなる」という話は随分前から出ていますが、一向になくなる兆しがありません。それどころか、増えているように思える節もあります。それはなぜでしょうか。

　たしかに、クラウド会計やインターネットバンキングなどの登場により、経理の"自動化"は進み、今後もその範囲は広がり続けると思います。しかし、「採用難の時代で思ったように人が採れない」「定着率が悪く、入れて育てて辞めていくという悪循環になってしまっている」といった実情や、「withコロナを考えて、できるだけ本業に集中したい」といったニーズから、間接業務である経理職はできれば減らしていきたいとのニーズが増えてきているようです。

　また、これまでは経理といえば社長の奥様が担われるケースが多くありました。しかし、ご子息の代になって奥様が会社に入らないケースが増えてきました。「自分は両親が働いていて寂しかった。自分の子供にはそん

な思いはさせたくない」という後継者の声はよく聞きますから、今後もその傾向は変わらないかもしれません。

　その場合に問題になるのは、「社員の給与を社員に見せるのか？」という疑問と不安です。結果として「給与計算も含めて先生のところでやって欲しい」というニーズが増えてくることは、想像に難くありません。

　要するに、クラウドなどの進化によって自動化が進む処理内容は確実に増えるものの、記帳代行を望むお客様の数は逆に増えていく可能性があるということです。

　これはあくまでも一例ですが、いわゆる「一般論」として語られていることに惑わされてはいけません。事務所を取り巻く環境を客観的に把握する必要があるのです。

　また、「東京で流行ったことは○年後にこの地域で広まる」というようなこともあるでしょう。いずれにしろ、あなたの**事務所が立地する地域の実情に合わせて、その成長性を判断する**ようにしてください。

　このように、好意度と差異度の観点から選ばれた「やる」と決めたサービスメニューについて、収益性と成長性の観点から優先順位を付けていくことになります。とはいっても、それほど厳格に判定する必要もありません。**図表3-7**の内容程度の判定でよいでしょう。

図表3-7　実施サービス・事業内容判定表（例）

外的要因		判定
収益性	成長性	
○	○	特化・強化する
○	△	サービスメニューに加える
△	○	
△	△	いずれやれるようにする

課題を明確にする

　最後に、「特化・強化する」および「メニューに加える」と決めたサービスメニューにつき、事務所にとって魅力的なものにしていくために不足していること、強化すべきことを明確にし、対策を検討します。

　やると決めた以上、対策はできるだけ早く立案・実践することをおすすめします。**拙速は巧遅に勝る**といいます。「不足するところや誤りがあったとしても、遅いよりはまし」ということです。対策が早ければ、多少間違っていてもすぐにリカバリーができますが、何もしていなければ何の学びも気づきもありません。成功の反対語は失敗ではなく、「何もしないこと」と心得なければなりません。

　少なくとも70%程度の確信があったら実践しましょう。**経営は「走りながら考える」が鉄則**なのです。

(3)自分に合ったサービス提供方法を選択する

　「誰に」「何を」が決まれば、次に「どのように提供していくか」がポイントになります。

　これまでの税理士事務所におけるサービス提供方法は、面談型、それも訪問型がほとんどでした。それがこの業界の"常識"といっても過言ではありませんでした。

　しかし、時代は変わりました。特に、「withコロナ」時代に突入して以来、お客様の志向も変わりました。「来てくれるのが当たり前」だったのが、「来なくてもいいよ」に大変身したのです。なかには「本業に集中したいので来ないでください」と本気で思っている人も増えてきているようです。よって、「これまでの常識」は脱ぎ捨てて、純粋に「自分のやりたいやり方」を見極めていくことが大切です。

　もちろん、訪問型が悪いとか時代遅れだとか言っているのではありません。あくまでも「選択肢が広がっている」という事実を認識していただき

たいということです。

　なお、サービスや業務の提供方法に関しては、次の視点を参考にしていただければと思います。それぞれ１つに絞る必要もありません。組み合わせで考えていただいてよいでしょう。

□お客様とのコミュニケーション手段
　　□訪問型　□来所型　□リモート・ネット活用型　□非接触型
□サービスの提供範囲とその方法
　　□ワンストップ型（あらゆるサービスを自前で提供する）
　　□パートナーシップ型（他者とそれぞれの強みを活かして連携する）
　　　　□他の税理士事務所と連携する
　　　　□他士業事務所と連携する
　　　　　（社労士、弁護士、司法書士、行政書士、不動産関係など）
　　　　□他業種と連携する
　　　　　（銀行・信金などの金融機関、保険代理店、ハウスメーカー、不
　　　　　動産業、医療関係、葬儀社、介護施設など

(4) 事業分野を明文化する

　あなたが目指す事業が、「誰に」「何を」「どのような方法で」提供する業なのかが明らかになってきたところで、わかりやすい言葉で明文化することをおすすめします。これにより、あなたの「この分野で生きていく」という覚悟を明らかにするとともに、職員やお客様に対して「この指止まれ」といえるものとなるのです。そのためには、次ページ**図表3-8**のような表現特性を反映させてみてください。

　日経業種分類では「電気機器」に位置づけられるソニーですが、冷蔵庫や洗濯機といった、いわゆる白物家電をつくったという話は聞いたことがありません。一方で、映画会社やゲームソフト会社などをもっています。

図表3-8　事業分野規定の視点

表現特性	内容
①独自的	他事務所との違いを明確にする
②シンプル	職員とお客様の認識の統一に向けて、その表現はできるだけシンプルなものにする
③象徴的	今後の事業の広がりを見据え、事業やその運営方法を限定的にしてしまわないよう抽象的・象徴的な表現を心がける
④包含的	これまで行なってきた事業とこれから行ないたい事業、または複数の性質の異なる事業を包含することに留意する

その理由は自社を「音と映像を記録する業」と定義づけているからだそうです。まさに、図表3-8の視点にすべて合致するすばらしい事業分野規定ですね。

　事業の定義をすることはとても難しいものです。しかし、事業の定義があってはじめて好ましい運営が可能になります。ぜひ楽しみながら、しかしじっくりと検討してみてください。

4 報酬体系を明確にする

　さて、ターゲットも決まり、提供するサービスも、その提供方法も明確になれば、次に明らかにしなければならないのは「報酬体系」です。

　値決めこそが戦略との言葉があります。かの稲盛和夫氏も次のように言われています。

　「経営の死命を制するのは値決めです。（中略）その価格設定は無段階でいくらでもあると言えます。（中略）自分の製品の価値を正確に認識した上で、量と利幅との積が極大値になる一点を求めることです。その点はまた、お客様にとっても京セラにとっても、共にハッピーである値でなければなりません。この一点を求めて値決めは熟慮を重ねて行われなければならないのです。」（京セラホームページ「稲盛和夫OFFICIAL SITE」より）

　まさにそのとおりだと思います。ぜひ、熟慮を重ねて、明確にしていただければと思います。そのためのポイントを解説します。

(1)サービス内容ごとに作成する

　報酬規定は、もちろんサービス内容ごとに作成します。また、できるだけ「誰でも簡単に」積算できるものにしておくことをおすすめします。次ページ**図表3-9**をご覧ください。これは確定申告の報酬規定の視点を整理したものです。

　このような視点で、行なう作業内容ごとに料金を定めておけば、誰でも簡単に積算することができますし、お客様によってぶれることもありません。

図表3-9　確定申告報酬規定の視点

区分			備考
基本料金			早期資料回収値引き（1月中）
初期設定料			初年度のみ（電子申告手続きなど）
マイナンバー管理料			
不動産所得	賃貸事務所・マンション	基本料金	1か所ごと
		部屋加算	1室ごと／下限設定／別途見積もり
		取得年のみ加算	1室ごと／下限設定／別途見積もり
	アパート・ビル・駐車場経営	基本料金	
		収入加算	売上金額幅ごと
		取得年のみ加算	下限設定／別途見積もり
	社長から会社への賃貸	基本料金	売上金額幅ごと
事業所得			売上金額幅ごと
消費税	本則課税		
	簡易課税		
株式譲渡		基本料金	
		特定口座加算	定額
		特定口座以外加算	銘柄ごと
	自社株評価	基本料金	下限設定／別途見積もり
		初回加算	下限設定／別途見積もり
不動産譲渡		基本料金	物件ごと
		売却益加算	売却益（特別控除前）幅ごと
		特例・特別控除加算	下限設定／別途見積もり
ゴルフ会員権		基本料金	件数ごと
その他所得	給与所得		
	医療費控除		集計値引きあり
	配当所得		
	雑所得		件数ごと
	一時所得		件数ごと
住宅ローン減税			人ごと
贈与税	現金	基本料金	
	株式	基本料金	
		株価評価料	下限設定／別途見積もり
	不動産	基本料金	
		不動産評価料	下限設定／別途見積もり／物件ごと
	贈与税の配偶者控除	基本料金	
		不動産評価料	下限設定／別途見積もり／物件ごと
	相続時精算課税制度	基本料金	
		株価評価料	下限設定／別途見積もり／物件ごと
		不動産評価料	下限設定／別途見積もり／物件ごと
	住宅取得資金贈与の非課税申告	基本料金	
寄付金等		基本料金	
		枚数加算	枚数ごと
財産債務調書			下限設定／別途見積もり

また、「できればこれくらいは欲しい」と思う金額の２割増しくらいにしておけば、"値引き"することも可能になります。この"緩衝材"ともいえる幅を設けることによって、「お客様からの紹介だから」と値引きした結果、「最低これくらいはと思っていた金額よりも下回ってしまった」などという弊害は生じませんし、逆に「いつもお世話になっていますから」と少しお安くし、メリットを感じていただくことも可能になります。

　また、「１月中に資料をいただけた場合は▲5,000円」「医療費控除一覧表を作成していただけた場合は▲10,000円」といったように、「何をすれば割引があるのか？」を明示することによって、こちらがお客様に期待する行動を示すこともできます。

　いずれにしろ、「私たちが提供するサービスに対する適正な価格」を明示することは、事務所にとっても、お客様にとっても有用であるとの認識に基づき、サービスメニューごとの報酬規定を作成してみてください。

　なお、年末調整等の報酬規定では、次のような視点をもっていただくとよいでしょう。

□年末調整：基本料＋１人当たり報酬
□給与支払報告書：基本料＋提出市町村ごと報酬
□法定調書：基本料（法定調書合計表）＋支払調書１件ごと報酬
□償却資産税申告書：基本料＋２か所目からの基本料＋明細書ごと報酬
　※提出期限から遅れた場合のペナルティ（加算、受付不可など）も検討

(2)月次顧問料は特に留意が必要

　「月次顧問料」については特に注意が必要です。なぜならば、金額もさることながら、多くの税理士事務所で、顧問契約において、"包括的"な表現をされていることが多いからです。これは厳に戒めなければなりません。

契約書においては、「月額顧問料　○○円」「決算料　○○円」としたうえで、その料金の中に含まれる業務内容ないしはサービスメニューを“限定列挙”し、それ以外については、それぞれの報酬規定に基づき別途ご請求申し上げる旨の文言を入れておく必要があります。

　契約書にこの定めがなければ、たとえば株価計算も、資金繰り表の作成も、銀行交渉も、すべて「顧問料を払っているんだからただでやってよ」と言われかねません。

　また、月次報酬については、何に基づいて算定するかも明確にしておくとよいでしょう。たとえば、基本料金を設定したうえで、

　　□ 売上高基準
　　□ 従業員数基準
　　□ 資本金額基準
　　□ 仕訳件数基準

などを加算項目として明確にしておくのです。

　なお、報酬規定については、「これだけのサービスをしているのだから、最低これくらい、できればこれくらいは欲しい」というご自身の“思い”を前提に考えていただければよいでしょう。

　ただ、「目安が欲しい」という声をよく聞きます。少し古いものであり、かつ少々高めの印象を受ける方も多いとは思いますが、「税理士法第１条により、会員が税理士業務に関して受ける報酬の最高限度額につき、東京税理士会が税理士法および会則の規定に基づき定めた」税理報酬規定があります（http://www2.sensyu.ne.jp/kasai/fee.html）。平成14年３月に税理士報酬規定が廃止される前の規定ですが、１つの目安として参考にしてみてください。

　また、ターゲットとしている対象エリア内の税理士事務所のホームペー

ジを確認し、報酬規定ないしは料金表が掲載されているようであればその一覧表をつくり、相場観をもったうえで値決めすることをおすすめします。

(3)時間単価を意識して、決算報告時に契約書の巻き直しを

さて、いったん適正な料金にて契約を結ぶことができたとしても、お客様の状況は変わっていきます。

□契約時は売上高が5,000万円程度だったものが、わずか数年の間に5倍になった
□契約時は1店舗だけだったものが、気がついたら10店舗以上になっていた
□契約時は、奥様がしっかりと経理をしてくれていたが、お子様が生まれて業務から離れられてしまったとたん、グチャグチャになってしまった

といったようなケースです。お客様が成長・発展されることは嬉しいことです。また、お子様が生まれたとなれば、喜びはなおさらでしょう。

しかしその結果、事務所の採算が悪くなることは、決して嬉しいことでも喜ばしいことでもありません。

業務量は増えているのに顧問料が見直されないというような事態に陥らないためには、**お客様ごと、業務ごとの「時間単価」を常に把握しておく**ことが欠かせません。第5章で詳しくお伝えしますが、時間単価とは、お客様からいただいている報酬額を、そのお客様に関わる業務に携わっているすべての時間で割ったものです。毎年、決算を迎えるたびに時間単価を明らかにし、適正な金額を下回っているようであれば顧問料を再計算したうえで、きちんと交渉しましょう。そのうえで、契約書を巻き直すことが肝要です。

「値決めこそ戦略」「経営の死命を制するのは値決め」との言葉を常に念

頭に置き、自信と勇気をもって交渉をしていただきたいと思います。

　逆に、値下げを要求されることもあるかもしれません。その際は、提供する業務やサービスをそのままに、単に値下げをすることは、それこそ時間単価が下がってしまいます。

　そこで、値下げ要求があった際は、**提供する業務やサービスの中身を見直す**、もしくは、**お客様と事務所との役割分担を見直す**といった取り組みが必要です。

　いずれにしろ、値決めに関しては、時間単価を常に意識することが大切です。

　なお、報酬規定そのものも、時の経過によって適正ではなくなってくることがあります。変更するかしないかは別にして、年に１回は見直されることをおすすめします。

　いくら業務の効率化を図っても、その対価が適切でなければ、効果は半減してしまいます。また、適切でない対価の業務を増やすことは、結局事務所全体の生産性を阻害し、あなた自身の首を絞めることになりかねません。

　一方で、報酬体系を明確にしておけば、請求金額を「先生に聞かないとわからない」から、「誰でも」「どこでも」「すぐに」算定することができるようになります。あなたの仕事を減らすとともに、請求業務の効率化にもつながるのです。

　ぜひ早急に報酬体系の明確化をしていただければと思います。

5 ライフプランを明確にして覚悟を決める

さて、最後に「ライフプラン」の視点を示します。開業税理士にとって事務所経営は人生そのものであり、**理想の人生設計なくして理想の事務所設計なし**といっても過言ではないからです。事務所の理想を明確にするための1つの視点として参考にしていただければと思います。

具体的な設計の仕方に入る前に、まずはライフプランの必要性についておさらいしておきましょう。

現代は、ライフプランの重要性が日増しに高まっています。一般的には次のような理由によるものです。

・人口減少ならびに少子高齢化によって、労働世代の社会保障負担が高まっている
・消費増税をはじめとした税負担が高まる可能性も高い
・平均寿命が伸び、かつ公的年金の支給開始年齢の引き上げや年金額の漸減が想定され、自分自身の老後資金の備えの必要性も高まっている
・マイナス金利下において、貯蓄による資産形成が難しくなっている
・労働時間の制限などにより、働き方そのものを抜本的に変えていかなければならなくなっている

特に税理士事務所として開業されることが多い20代後半から40代前半は、結婚、子供の誕生や進学、自宅の購入、そして開業と、ライフイベントや環境変化に伴う出費が多くなる年代です。さらにそれらのイベントが一息ついたころには、親の介護や相続への備え、自分自身の老後が迫ってくる、という状況にあります。

また、働き盛りの真っただ中ですから、自分自身に万が一のことがあったとき、残された家族が困らないようにしておくことも、ライフプランをきちんと考えておかなければならない大きな理由の1つです。

　ここではライフプランの中でも、特にキャッシュフローにスポットライトを当てた考え方を示します。

　ライフプランを考えるにあたっては、次の6つの点を押さえておく必要があります。

⑴ 収入の把握

⑵ 生活費の把握

⑶ ライフイベントごとの必要資金の把握

⑷ 預貯金残高の把握

⑸ 年度ごとのキャッシュフロー（現金収支）の把握

⑹ 定期的な見直し

　それでは、1つひとつの項目について、詳しく見ていきましょう。

(1)収入の把握

　一般的なサラリーマンであれば、一番先に考えておかなければならない項目です。みなさんはお客様のライフプランを支援する立場でもありますから、参考までに、その考え方を整理しておきましょう。

　まずは、毎年一定金額が入ってくる給与や不動産所得などの継続的な収入を把握します。ある程度の昇給も加味してよいでしょう。ただし、あまりに大きな昇給を前提としますと「絵に描いた餅」になりかねませんので、どちらかといえば堅めの数字にしておいたほうがよいでしょう。また共働きの場合は、出産・育児期間の働き方に伴う収入の変化も考慮しておく必要があります。なお、ここで把握すべき金額は、社会保険料や税金などを差し引いた手取り、すなわち可処分所得金額で考える必要があります。

次に、退職金や保険の満期返戻金など、一時的な収入についても明らかにします。もし、すでに確定しているご両親や祖父母などからの贈与などがある場合は計上しても差し支えないでしょう。ただし、こちらも「捕らぬ狸の皮算用」にならないように気をつける必要があります。

　また、リタイア後の収入についても考えておかなければなりません。公的年金の額を「ねんきん定期便」などを参考に明らかにするとともに、企業年金や個人の年金保険などの収入を見込みます。

　さて、ここまでが一般的な職業の方の収入に対する考え方です。しかし開業税理士の場合、この「収入の把握」は最後に考えることになります。これは、他の企業経営者や事業主も同じです。すなわち、後ほど算出する支出案を前提にして、その支出を実現するためには「いくら稼がなければいけないか」を考えていくことが大切なのです。この金額をきちんと認識することが、**事務所経営に対する"覚悟"と"肚括り"**にもつながります。

　特に、独り身やお子様がまだ小さい場合、現実的にはあまり大きな収入を必要としていませんから、資金に関して危機感をもつことは難しいものです。ところが、結婚し、子供が育ってくるころには養育費・教育費が大きく家計にのしかかり、さらには、家の購入や車の買い替えなどの大きな資金を要するイベントが増えてきます。必要収入は、目先の支出だけにとらわれず、長期的展望をもって考えていくことが大切です。

(2)生活費の把握

　ここでいう「生活費」とは、毎月、ないしは毎年決まって支出される費用のことを指します。ここでは、「心豊かな生活の実現」に該当するような内容は考慮せず、基礎的事項のみを考えておくとよいでしょう。具体的には、次ページ**図表3-10**のようなものになります。ちなみに、全国平均の生活費の月額は、同じく次ページ**図表3-11**のようになっています。

図表3-10　生活費の内容

	費用	計算の根拠
毎月発生	食費	概算を出し、家族の人数の増減に応じて予算化する
	水道光熱費	
	通信費	
	交際費	過去の実績を踏まえて定額で予算化する
	家賃・ローン	支払予定および実績を考慮する
	各種保険料	
毎年発生	固定資産税	支払予定および実績を考慮する
	自動車税	
	年会費	

図表3-11　1世帯当たりの全国平均生活費月額（円／2019年）

内訳	A	B
食料	77,431	66,458
住居	19,292	13,625
光熱・水道	21,838	19,983
家具・家事用品	12,079	10,100
被服および履物	12,935	6,065
保健医療	12,662	15,759
交通・通信	54,943	28,328
教育	18,529	20
教養・娯楽	31,948	24,804
その他の消費支出	62,195	54,806
消費支出額合計	323,853	239,947

A：2人以上の勤労者世帯
・世帯平均年齢：49.6歳
・平均人数：3.31人

B：高齢者無職世帯
・夫65歳以上
・妻60歳以上

出典：総務省「家計調査年報
　　　（家計収支編）2019年」

（3）ライフイベントごとの必要資金の把握

　ここでは、「一生にわたって実現したい理想の生活」を踏まえたライフイベントを想定して考えていきます。以下の図表を参考にして、ご両親の介護やサポート費用なども含めて考えてみてください。

図表3-12　ライフイベントとその費用

理想像	費用の中身
教育	子供に与えたい教育機会にかかる費用
記念日	子供の進学、結婚記念日などのお祝い費用
趣味・生きがい	趣味やレジャーなどにかかる費用
住宅	住宅取得やリフォームなどの費用
耐久消費財	家具・家電製品・自動車などの買い替え費用
子供への資金援助	結婚・住宅購入援助資金
親への資金援助	親の医療・介護に関連する援助資金

図表3-13　教育費の目安

学校別	公私別	入学金	年間費用
幼稚園	公立	0円	223,647円
	私立	54,755円	473,161円
小学校	公立	0円	321,281円
	私立	231,425円	1,367,266円
中学校	公立	0円	488,397円
	私立	305,130円	1,101,303円
高校	公立	0円	457,380円
	私立	215,999円	753,912円
大学	国公立	282,000円	535,800円
	私立(文系)	229,997円	1,021,042円
	私立(理系)	254,309円	1,413,637円
	私立(医科系)	1,073,083円	5,339,770円
	私立(短大)	241,836円	1,029,079円
大学 (生活費)	生活費(自宅)	―	416,660円
	生活費(下宿)	―	1,120,300円

出典：いずれも、文部科学省
　　　幼稚園～高校：「子どもの学習費調査」(2018年)
　　　国公立：「国立大学等の授業料その他の費用に関する省令」
　　　私立：「私立大学入学者に係る初年度学生納付金平均額」および
　　　　　　「私立短期大学入学者に係る初年度学生納付金平均額」(2018
　　　　　年)
　　　より抜粋。生活費は、日本学生支援機構「学生生活調査結果」
　　　(2016年)より抜粋。全調査の最大値。

図表3-14　介護・医療に関わる費用

介護	一時的な費用(平均)	690,000円
	月々(平均)	78,000円
	期間(平均)	4年7か月
	4年以上要した割合	42.8%

出典：生命保険文化センター「生命保険に関する全国実態
　　　調査」(2018年)

医療	1日当たり自己負担額(平均)	23,300円
	平均在院日数	29.3日

出典：生命保険文化センター「生活保障に関する調査」(2019年)
　　　厚生労働省「患者調査」(2017年)

(4)預貯金残高の把握

　4つ目の視点として、預貯金や有価証券などのような換金可能な財産とその金額を把握しておきましょう。「何かあったとき」の備えとなるものです。

　この預貯金等の残高は、経営者である以上、事業を通じて増やしていくべき金額です。これが減っていくということは、事業が期待どおりにいっていない証であり、経営者として反省すべき状態にあることを意味します。

　しかし、そうはいっても開業間もないうちは、支出が収入を上回ることは避けられませんし、生活者として支出が増える時期には収入が追いつかないこともあるでしょう。

　よって「手を付けない」覚悟をもちながらも、現実を冷静に見極めるという姿勢が必要です。

(5)年度ごとのキャッシュフローの把握

　ここまでの検討の結果を、キャッシュフローにまとめます。次ページの**図表3-15**をご覧ください。

図表3-15　キャッシュフロー表（例）

西暦		2020年	2021年	2022年	2023年	2024年
家族構成	山田太郎	36歳	37歳	38歳	39歳	40歳
	山田花子	32歳	33歳	34歳	35歳	36歳
	山田一郎	6歳	7歳	8歳	9歳	10歳
	山田月子	3歳	4歳	5歳	6歳	7歳
イベント		月子・幼稚園	一郎・小学生		結婚10周年	月子・小学生
			BMW買う！			マイホーム！
支出	生活費					
	イベント費					
	その他					
①支出合計＝必要可処分所得						
②目標所得						
③想定所得						
④過不足額						
⑤預貯金残高						

　最上段に年度を置き、その下に家族構成と、それぞれの年齢を入れます。年齢を明示することで、ライフイベントについて考えやすくなります。家族構成員の年齢に鑑みながら、また夢を膨らませながら、イベントを検討してみてください。この段階では、「理想の生活」をフルに織り込んでいただくとよいでしょう。

　そのうえで算出した生活費、イベントにかかる費用を記入し、その額を集計すれば「①支出合計」が算出されます。これが、「可処分所得」として最低限稼がなければならない金額ということになります。

　さらに、老後を見据えながら、年間いくらくらい貯蓄を増やしていきたいかを考え、加算したのが「②目標所得」です。

　しかし、特に開業したばかりであれば、いきなり目標所得を達成することは難しいでしょう。そこで現実的な「③想定所得」を明らかにします。この想定所得と「①支出合計」の差額が「④過不足額」ということになります。

　この段階でプラスになっていればよいのですが、マイナスとなっている

場合、手元の「⑤預貯金残高」から払い出しをしていかなければなりません。「⑤預貯金残高」の横の白地空欄に(4)で明らかにした預貯金残高を入れ、「④過不足額」を加減算していきます。この「⑤預貯金残高」がマイナスとなるタイミングがあるようでしたら、何らかの手段によって資金繰りを検討するか、ライフプランそのものを見直していくしかありません。

　一般的には、

・生活費の中で無駄な支出や使途不明金はないかを確認する
・住宅購入計画など、大きなイベントの時期や資金を見直す
・イベントに優先順位をつけ、順位の低いものは整理する
・生命保険などの固定費を見直す

など、支出の見直しをすることが現実的です。故事のとおり「入るを量りて出ずるを制す」（『礼記』）が原則なのです。

　しかし、せっかく夢をもって独立開業されたのです。ぜひ「収入を増やす」方向で考えてみてください。理想の生活を実現するために、どれだけの所得が必要なのか、そのような視点で改めて見直ししていただければと思います。

(6) 定期的な見直し

　ライフプラン作成方法について、ご理解いただけましたでしょうか。現実的には、不測の事態に備え、余裕をもったプランを設計することが大切になります。さらに家族構成や進学コース、またはご両親と同居するかしないかなど、複数のパターンを設計するとよいでしょう。

　なお、設計にあたっては、ぜひご家族で話し合いの機会を設けてください。事務所経営においてはもちろん所長としてのあなたの頑張りが大事ですが、その前提として、家族のサポートがどうしても必要です。理想の事務所経営がそのまま家族の幸せになる、そんなプランをつくっていただき

たいと思います。

　また、ライフプランは一度立てたら終わりというわけにはいきません。特に30代、40代は変化の多い年代です。設計したライフプランは、さまざまな事情によって大きく変わっていくものですから、定期的な見直しが欠かせません。できれば毎年1回、たとえば新しい年を迎える前に、少なくとも3～5年に1回は見直しされることをおすすめします。

　ぜひ夢のあるライフプランを設計し、定期的な見直しをしていってください。そして、事務所経営に対するさらなる期待と熱意をもち続けていただければと思います。

第 **4** 章

"売れる仕組み"を
構築する

1　お客様の購買心理を理解する

　継続的に成長する事務所の2つ目の共通点は、"売れる仕組み"を構築することでした。いくらよいサービスを用意できたとしても、売れる仕組みがなければ、そのサービスをお客様の元に届けることはできません。

　しかしその仕組みとは、優秀な営業パーソンを採用・育成することで構築するものでも、強い営業組織をつくることでもありません。第1章でもお伝えしたとおり、税理士事務所における営業活動とは、**「先生、お願いですから当社の面倒をみてください」**と、お客様のほうから言っていただける状況をつくり出すものでなければいけません。少なくとも、嫌がるお客様に無理やりハンコを押させるような営業活動であってはならないのです。さらに、よりよい仕組みをつくるためには、他者の力をお借りすることが欠かせません。

　本章では、こうした売れる仕組みづくりについて、具体的に解説していきたいと思います。

　売れる仕組みを考える前に、理解しておかなければならないことがあります。それは人の"購買心理"です。

　購買という行動は、何の前触れもなく突如として起こるものではありません。「買う」という結果に至るまでにはいくつかの段階があります。また、購入に至ったとしても、その後の状況はまちまちです。1回限りで終わってしまう、あるいは途中で中断してしまう場合もありますし、リピーターとしてずっと愛用いただけることもあります。それらの購買行動には、必ずその行動を起こす何らかの心理や心情が関わっています。よって、売れる仕組みを検討するに際しては、まずお客様の購買心理を十二分に知っておく必要があります。

購買心理については、古くから多くの仮説やモデルが発表されていますが、ここでは税理士事務所に最もマッチするモデルとして、「AMTUL（アムツール）の法則」をご紹介します。

　AMTULとは5つの英単語の頭文字をとったもので、**図表4-1**のように、商品やサービスないしはその提供者に対する消費者の状態を表わすもので、購買プロセスのモデルといわれる法則です。

図表4-1　AMTULの法則

購買プロセス	呼称	状態
Awareness	認知客	知っている
Memory	記憶客	覚えている
Trial Use	試用客	試しに使ったことがある
Usage	使用客	いつも使っている
Loyal Use	愛用客	ファンになっている

　「認知客」や「記憶客」の段階は、"客"とはいうもののいまだ潜在的であり、事務所側からはその存在がわかりません。この段階においては、その人の悩みや課題を解決する、ないしは欲求を満たすサービスが当事務所にあることを知ってもらい、何らかの方法でアプローチしてもらうまでの段階です。よってこの段階では、まだ見ぬ方々に対して、当事務所を利用することによる便益や他事務所との違いなどをきちんと伝えることが必要となります。

　その結果、当事務所に興味・関心をもっていただくことができ、実際にアプローチしていただけた方が「試用客」です。この段階ではじめて、「目に見えるお客様」「アプローチ可能なお客様」になります。

　そして、何度かの「試し使い」を通じて信頼を得、継続的なご利用をいただけるようになったお客様が「使用客」です。税理士事務所においては、顧問契約を結んでいただいたお客様と考えるとよいでしょう。

　さらに、事務所が提供するサービスに心から満足し、これからも末永く付き合ってくださることを心に決め、かつ他の方にも喜んでご紹介いただ

けるような状態になっているのが「愛用客」です。最終的にはすべてのお客様が「愛用客」になっていただくことが理想の状態といえます。

このように、お客様の購買心理状態によって購買プロセスに段階があるわけですから、売れる仕組みもこれらの段階ごとにマッチしたものでなければなりません。そして、最終的には愛用客のウェイトを高めていける仕組みこそが、売れる仕組みといえるのです。

それでは、購買プロセスごとに具体的にどのような取り組みをしていけばよいか、考えていきましょう。

(1)事務所の存在を知っていただく

第一の視点は、認知客を増やすこと、すなわち当事務所の存在を知っていただくことがテーマになります。この検討に際して最も大切なことは、「付き合いたいお客様」「知っていただきたいお客様」は誰か、すなわち第3章で明らかにした**ターゲットを明確に意識する**ということです。

繰り返しになりますが、税理士事務所の最大の強みは大きなマーケットを必要としないことです。

そうであるならば、あなたがお付き合いしたいお客様にターゲットを絞り、その方々にあなたが「好きで」「得意で」「できる」サービスを提供していけばいいのです。これは、これからの所長人生をより有意義なものにしていくために、最も大切な視点です。

また、ターゲットが明確になれば、彼らが期待する喜びや満足がどのようなものかも明らかにし、かつ絞り込むことができますから、よりいっそう効果的・効率的にアプローチすることができるようになります。売れる仕組みづくりにおいて、ターゲットを明確にすることは最も重要なことであるとの認識が必要です。

さて、そのターゲットに認知していただくとは、新しい税理士事務所が

できたことを知り、その存在を認めていただくことになります。この時点では、事務所そのものに興味・関心をもっていただく必要はありません。あくまでも**存在を知っていただくことができれば合格**です。

　たとえば、

- 「新しい看板があるな。ああ、税理士事務所ができたんだ」
- 「商工会議所に新入会員が入ったんだ。ああ、税理士事務所か」
- 「友人から近くに○○な税理士事務所ができたと聞いた」
  （○○：きれい、おしゃれ、面白そう、変わった、派手など）

など、さまざまな接点を通じて、「新しい税理士事務所ができた」ということが認知されればいいのです。

　このように、売れる仕組みづくりの第一歩は、明らかにしたターゲットとなる方々に事務所の存在を知っていただくための施策ということになります。

(2)興味・関心をもっていただく

　第二の視点は、記憶客を増やすことです。この段階は、単に「知っている」といったレベルではなく、具体的に興味・関心をもっていただくことが求められます。

　そのためには、事務所が提供するサービスによって自分の抱える悩みや課題が解決できる、ないしは欲求を満たすことができることを、ターゲットの方々にご理解いただく必要があります。すなわち、事務所の魅力をしっかりと伝えて覚えていただく段階であり、かつ数ある他の税理士事務所と何が違うのかをご理解いただく段階でもあります。結果として、「私の悩みの相談相手になってくれそうだ」「この問題を解決してもらえるかもしれない」などと、具体的なアプローチ動機をもっていただける状態になることがゴールとなります。

この段階に入りますと、あなたのこと、または事務所のことを「もっと知りたい」という欲求が高まってきますので、たとえばホームページを検索するといった行動を起こしはじめます。これは、「相談する」という自分の意思決定の正しさを確認するための行動ともいえます。よって、せっかくアプローチ動機ができたとしても、この試験に合格しない限り、具体的なアクションを獲得することはできません。逆に、より高い期待をおもちいただければ、よりいっそうアプローチ意欲を高めることができるのです。

　よってこの段階においては、事務所へのアプローチ動機を適切に醸成するとともに、**具体的なアクションを促進する仕組みづくりが必要**ということになります。

(3) 実際にアプローチしてもらう

　次に、悩みや課題の解決に向けて、実際にアクションを起こしていただく段階になります。すなわち「試用客」へのステップアップということになります。

　税理士事務所における試用客とは、たとえば、

　・ＳＮＳのフォロワーになっていただいた
　・ホームページなどから資料請求やお問い合わせをいただいた
　・講師を務めたセミナーにご参加いただいた

などの行動を通じて、当方からアプローチすることが可能となった方々といえます。

　なかにはこの段階で報酬をいただく場合もあるかもしれませんが、スポット対応で終わってしまっている場合は、まだ試用客の段階と認識しておいたほうがよいでしょう。前述したとおり、税理士事務所における使用客とは、顧問契約をいただくことを要件とすることが妥当と考えられるから

です。

　しかし、すでに顧問税理士がいる方を使用客に格上げすることは、それ
ほど簡単なことではありません。

　第一に、顧問契約を結ぶ税理士事務所とお客様との関係は、地縁・血縁
以上のつながりになることが多いものです。それは、経営のこと、商売の
ことについて、お客様や競合他社はもちろんのこと、社員や地域の方々、
または親族などにも気軽に相談することができない経営者にとって、税理
士事務所は唯一無二の相談相手として信じられ、頼られる存在であるから
です。

　一方で、お客様にとって税理士事務所は、「財布の中身を全部知られて
しまっている」または「人にはいえないことも知られてしまっている」な
どといった存在という側面もあります。その結果、「移りたくても移れない」
ジレンマを抱えている方も決して少なくありません。その意味においても、
「離れられない」関係であることが多いものなのです。

　よって、試用客から使用客へのランクアップの確率は、他の業種と比べ
て決して高いとはいえません。逆にいえば、この試用客をより多く抱えな
ければ、実際の使用客の数を増やすことは難しい、ということになります。
したがって税理士事務所においては、この試用客をいかに増やしていくか
がとても重要であるといえます。

　そもそも**税理士事務所の営業活動は "農耕" 型**です。試用客となってい
ただいた方々を大事に育て、先方から「お願いします」と言っていただけ
るように育てていくことが何より大切なのです。育てる期間を要する以上、
まずは「試しに使っていただける」方を増やしていかなければなりません。

　またこの段階においては、知人や友人、または他士業や金融機関などの
いわゆるパートナーからの紹介も重要なテーマになります。この点につい
ては第3項「真にWIN-WINの関係を構築する」（153ページ）で詳述しま
す。

(4)ご契約をいただく

　次のステップは、試用客から使用客へ昇格していただく段階になります。

　使用客とは、とりもなおさず現在継続的にお付き合いをいただいている
お客様であり、月次顧問料や決算料、確定申告料など、定期的に報酬をい
ただけているお客様です。この段階では、いかに満足度を高めていくかが
課題となります。

　「Ｃ／Ｐバランス理論」という分析手法があります。これは、"売れる商
品"とはどのようなものかを説明する理論であり、商品力を構成する要素
を、

　　□商品コンセプト（Ｃ）：買う前に欲しいと思わせる因子
　　□商品パフォーマンス（Ｐ）：買った後に買ってよかったと思わせる因
　　　子

に区分し、その関係によって、商品の特性を説明したものです。

　先の試用客に対する取り組みは、まさに商品コンセプトに該当するもの
であり、その取り組みが試用客の契約動機を十二分に刺激し、「この先生
にお世話になりたい」との思いが他の否定要素を上回ってはじめて契約に
至ることを意味しています。

　次に、せっかくご契約をいただいたとしても、実際のサービスが期待に
応えられなかった、すなわち商品パフォーマンスに十分な満足が得られな
かった場合は、契約解除の恐れが出てくるということです。**図表4-2**にお
ける②の状態になってしまうのです。

　理想的なのは、試用客に対する魅力的な取り組みによって、できるだけ
早く、できるだけ多くの方にご契約いただくとともに、ご契約いただいた
みなさんに期待以上のご満足をいただくことができる状態、すなわち①の
状態を実現することにあります。

さて使用客の段階においては、もちろん満足度を高めることも必要ですが、もう一方で、不満足要因を徹底的に排除するという視点も必要です。いかに満足度が高くても、それを上回る不満足要因があれば、本当の満足は得られません。何か不満に感じられていることはないかと目を配り、早期発見・早期対応を実践していきましょう。

　当たり前の話ですが、**契約がゴールではありません**。ご契約いただいたお客様すべてに大いにご満足いただき、AMTULの最終段階である「愛用客」、すなわち事務所の "ファン" になっていただくことを目指す必要があるのです。

図表4-2　C／Pバランスによる結果・状態

No.	C	P	結果・状態
①	○	○	すぐに契約＆大満足
②	○	×	すぐに契約するも不満→解約
③	×	○	なかなか契約に至らない(契約後は満足)
④	×	×	箸にも棒にもかからない

(5)ファンになっていただく

　AMTUL最後の段階が、ご契約いただいたお客様に「愛用客」になっていただくことです。

　愛用客とは、ただ単に継続的にお付き合いいただいているレベルのお客様ではありません。得意先という言葉がありますが、愛用客ともなりますと、**取引をしていることを得意気に話してくださるほどのお客様**と考えていただくとよいでしょう。そして、それほどまでにご満足いただいているお客様ですから、喜んで知人を紹介してくださるものです。このレベルに至ったお客様こそがまさに愛用客と呼べるお客様です。そしてこの愛用客のウェイトが高ければ高いほど、お客様からの評価が高い事務所ということであり、真の売れる仕組みづくりができた証といっても過言ではありま

せん。

　それほどのご満足をいただくためには、やはりそれほど「好きで」「得意で」「できる」サービスに特化することが大切であり、かつそのサービスに心から満足いただけるお客様を選定する必要があることを改めて忘れないようにしていただきたいと思います。

　これまでご説明した内容をまとめると、**図表4-3**のようになります。

図表4-3　AMTULによる売れる仕組みづくりの視点

呼称	仕組みづくりの観点
認知客	・ターゲット顧客を明確にする ・ターゲット顧客に事務所の存在を知っていただく方法を検討する
記憶客	・ターゲット顧客の悩みや課題を明確にする ・その悩みや課題を解決することができるというイメージをもち、期待していただけるだけのツールを準備する
試用客	・アクセスしていただける入口を用意する ・次につながる仕掛けをつくる ・WIN-WIN関係の提携先をつくる
使用客	・提供するサービスにご満足いただく ・積極的に提案をし、さらなる価値を感じていただく ・不平・不満は徹底的に排除する
愛用客	・喜んで紹介をいただける体制を構築する ・より深いコミュニケーションを模索する

　このような観点それぞれについて、次項以降、具体的な取り組み内容をご紹介していきます。

2 魅力あるブランディングの秘訣

　ここからは、具体的な売れる仕組みづくりについて考えていきましょう。

　第一の視点は、潜在的な見込み客ともいえる「認知客」「記憶客」を増やしていくことがテーマとなります。

　この層を増やしていくうえで、最も大切なのは「ブランディング」です。要するに「この指止まれ」といえるものを明確にし、その"指"がいかに魅力的で、自分の役に立って、自社にマッチしたものと受け止めてもらえるかが大切なのです。

　そのための具体的な視点について考えてみましょう。

(1)お客様の真の欲求と、事務所の強みを明確にする

　第3章において、事業分野を明確にし、お付き合いしたいお客様と、そのお客様に提供したいサービスを明らかにする必要性を学んでいただきました。

　ここで、もう一歩踏み込んで検討していただきたいことがあります。それはサービスの"本質"についてです。

　そもそもサービスとは、お客様に"満足"または"便益"を与えるものでなければなりません。つまり私たちは、単に「契約どおりのことをやって終わり」なのではなく、**お客様の"欲求"を充足させてはじめてサービスを提供したといえる**との認識が必要です。

　たとえば「薬」を求める人は、薬が欲しいわけではありません。購入した薬を服用することによって、「病気を治したい」との思いから薬を購入するのです。よって、購入・服用した薬で十分な効用が得られなければ、満足できません。それは、真の欲求が満たされていないからです。

141

私たちが提供するサービスでも同じことです。たとえば「月次面談」で
あれば、お客様は単に面談してくれることを望んでいるわけではないでし
ょう。月次面談というサービスに対して、必ず一定の欲求をもっているは
ずです。具体的には、

□税務や経営などの相談を気軽にしたい
□現在の経営状態の分析や、改善の提案をして欲しい
□決算対策や節税の相談に乗って欲しい
□当社の立場に立った適切な税務調査対策をして欲しい

といったような内容でしょう。
　また「相続相談」というサービスであれば、単に相談に乗ればよいとい
うものではありません。相談を望むお客様は、そのサービスに対して、

□ムダな相続税は１円たりとも払いたくない
□愛する家族を"争族"に巻き込みたくない
□子供たちが相続税の納税資金に困らないようにしておきたい
□円滑な事業承継を実現したい

といった欲求をもっています。それらの欲求を満たしてはじめてサービス
の提供が完了したといえます。
　このように、本物のサービスを提供していこうとするならば、**お付き合
いしたいお客様に提供するサービスの"本質的価値"を明確にする**ことが、
とても重要です。

　一方、お客様は１人ひとり違った欲求をもっています。そのすべての欲
求を満たすことはできませんから、まずはお付き合いしたいお客様がどの
ような欲求をもっているかを明確にしていくことが必要になります。
　たとえば先の相続相談の場合、一般の方であれば「ムダな相続税は１円

たりとも払いたくない」という欲求を満たすことが最も大事なものかもしれません。しかし、企業経営者であれば、「多少相続税が増えたとしても、円滑な事業承継を第一に考えたい（相続税は円滑な事業承継を実現するためのコストである）」と考えられるかもしれません。

　このように、お客様によってサービスに対する欲求は異なっていると認識したうえで、**お付き合いしたいお客様ごと、提供したいサービスごとに、その本質的価値とは何かを明確にする**ことが大切です。

　具体的には、**図表4-4**のようなシートを作成したうえで検討されるとよいでしょう。空欄を埋めていくことで、それぞれのお客様にマッチした本質的価値を明らかにしていくのです。

図表4-4　本質的価値を明らかにする

付き合いたいお客様	提供したいサービス	その本質的価値

　このようにして、お客様ごと、サービスごとの本質的価値が明らかになったところで、もう1つ明確にしていただきたいことがあります。それは、**事業分野内における事務所の"強み"**です。

　「うちには強みといえるほどのものなんてない」といった声が聞こえてきそうですが、決してそんなことはありません。ただ、それに気づいていないということはあるでしょう。また、他の事務所との比較ができないために自信をもつことができないのかもしれません。しかし、現に事務所が存在している以上、必ず強みは存在します。

　その強みを明らかにするために、まずは**自分ならびに事務所のよいところを100個挙げてみる**ことからスタートしてみましょう。些細なことでもかまいません。1つ見つけたら、派生させたり、分解したり、深掘りしたりしながら項目数を増やしていってみてください。

「よいところ」ですから、他の人や他の事務所に勝っている必要もありません。「この業界では当たり前だ」と思ってやっていることが、実は当たり前ではないこともあります。

たとえば、「月次面談」は決して当たり前ではありません。「お客様との面談は年数回」という事務所は多く存在します。もし毎月の面談を当たり前に実施されているとすれば、実施していない事務所との比較において、十分に「よいところ」になるといえます。特に、事務所が提供するサービスの本質的価値に合致しているものであれば、大きな強みと考えてよいでしょう。

また、税制改正があればきちんと資料に基づいて説明するという、ある意味、税理士事務所として当然と思えるサービスすらできていない事務所も少なからずあるものです。もし、適時適切に情報提供されているのであれば、「よいところ」にカウントしてよいでしょう。ぜひ「当たり前にやっていること」も漏れなく棚卸ししてみてください。

さらに、欠点だと思っていることも、見方を変えれば「よいところ」になるかもしれません。たとえば、「おっちょこちょい」は「すぐに行動を起こす」に、「優柔不断」は「熟慮する」に読み替えることもできます。

いずれにしても、誰かに見せるものでもありませんから、恥ずかしがらずに徹底した"自己客観視"によってリストアップしていっていただければと思います。

一方で、自分1人で考えるのには限界があるかもしれません。そこで、もし職員さんがいるようでしたら事務所のいいところを考えてもらい、それを持ち寄り、さらに互いに便乗し合いながら膨らませていってみましょう。85ページでご紹介した「KJ法」を活用されるといいでしょう。ご家族や友人・知人にも協力を求めてみてください。

また、お客様に「当事務所とお付き合いいただけているのはなぜか」「当事務所のよいところはどこか」などと、直接お尋ねしてみてください。少し勇気はいりますが、ダイレクトな評価は自信にもつながりますし、改善

すべき点が明らかになれば、それはそれでありがたいことです。また、ご紹介をくださる方や、業務提携先の方々の声に耳を傾けることも有効です。

　いずれにしろ、立場が違えば、見えるものも違っています。**他者評価に素直に耳を傾ける**ことも大切なことなのです。

　最後に、**これから強化・発揮していきたい強みも加えて検討**してみてください。いまはまったく着手できていないことでもかまいません。「まだない強み」を明確に意識することができれば、その強みの獲得を目指して能動的に活動していくことができるようになります。そして「念ずれば花開く」の格言のごとく、いずれ本当の強みになっていくものなのです。私たちは何を以てこの社会に貢献していこうとするのかを意識しつつ、お客様やサービスに対する熱い思いを込めて検討してみてください。

(2) 見せ方を工夫する

　さて、事務所が提供する本質的価値と強みが明らかになったとしても、それをお客様にわかってもらえなければ意味がありません。また、ご理解をいただくために膨大な資金やマンパワーが必要になるようであれば、それも最良とはいえません。

　そこで本項では、特に見せ方の工夫をすることで**「ツール」に仕事をさせる**方法について解説したいと思います。

　お客様に本質的価値や強みをご理解いただくためのツールには、「パンフレット」「ホームページ」「名刺」などがありますが、それらのツールを見るだけでわかってもらえるようにするのです。

　たとえば、提供サービスの内容について、以下のように、メニューの列挙で終わっているホームページを見かけます。

《サービス内容》

　　□税務相談　　□税務申告　　□調査立会　　□経理改善　　□書面添付

　　□電子申告　　□決算検討会　　□連結納税対策　　□事業承継対策

　　□資本政策立案　　□相続対策　　□財産診断　　□国際税務　　ほか

　　もちろん、"品揃え"の充実さを表現するためには、このような記載は
必要です。しかし、これで終わってしまっていては、本質的価値と強みを
お伝えすることはできません。

　　前項で説明したとおり、**お客様の欲求からアプローチし、事務所の強み
を知っていただく**ことが大切なのです。

　　たとえば、「相続相談」であれば、

【次のような思いをおもちではありませんか？】

　　□ムダな相続税は１円たりとも払いたくない！

　　□愛する家族を"争族"に巻き込みたくない！

　　□子供たちが相続税の納税資金に困らないようにしておきたい！

　　□円滑な事業承継を実現したい！

【そんなあなたをサポートします！】

　　□私たちは、年間〇件以上の相続のご相談をいただいております。

　　□相続税専門の税理士が、豊富な経験に基づいてご相談に応じます。

　　□初回は無料にて相談をお受け致します。

　　□**税理士には守秘義務があります。安心してご連絡ください。**

といった記載があれば、相続で悩みや欲求をもつお客様に事務所が提供す
る本質的価値と強みを感じていただけるでしょう。これが、「ツールが仕
事をしている」状態といえるのです。

　　では、どのようにしてそうしたツールに整えていけばよいのでしょうか。

具体的な掲載内容を考える際は、**購買心理の７ステップを意識する**ことが大切です。購買心理の７ステップとは、次のようなものです。

Step1 注意

　振り向いてもらう"きっかけ"を意味します。一般的には、注意を引くような店舗の外装やショーウィンドウの工夫をします。パンフレットやホームページなどでは、「手に取ってみよう」「ページを開いてみよう」と思っていただく工夫をすることになります。

Step2 興味

　「どんな事務所なんだろう？」と興味をもってもらい、「よさそうだなぁ」と思ってもらう段階です。

Step3 連想

　実際に相談しているイメージを想像し、「この事務所なら悩みを解決してもらえそうだ」と感じてもらう段階です。

Step4 欲望

　「相談したい！」と強く感じていただく段階です。

Step5 比較

　"欲望"が鮮明になり、それを強く意識するようになると、逆にブレーキをかける心理が働くものです。他の事務所のホームページを閲覧し、また人に聞いてみるなどして、本当に自分の選択が正しいかどうかを確認していきます。

Step6 確信

　"比較"の結果、「この事務所に相談しよう」と確信をもっていただく段階です。

Step7 決断

最終的に決断をし、事務所に連絡を入れる行動を取る段階です。

名刺やパンフレット、またはホームページなどといったツール類を、これらのステップを意識したものにするためのポイントは、**図表4-5**のようになります。

図表4-5　7つのステップに合わせたツールのポイント

ステップ		ポイント
1	注意	紙質、フォント、写真・イラスト、キャッチコピーなど
2	興味	本質的価値や強みがイメージできるように工夫する
3	連想	サービス紹介・相談事例・よくある質問・スタッフ紹介など
4	欲望	実際に相談している状況をイメージできるように工夫する
5	比較	タイムリーな情報・専門知識・相談プラン・料金表など
6	確信	他事務所との違いがわかりやすいように工夫する
7	決断	資料請求や相談申込みなどの反応の入口をわかりやすい位置に配置し、アクションを起こしやすいように工夫する 「いますぐ」でない場合でも反応できるよう、メルマガ・ニュースレターなどの申込みができるように工夫する

「1 注意」「2 興味」の段階においては、何よりも見た目が大切です。ロゴマークや文字の書体、またはコーポレートカラーなどを統一し、かつ目を引くものにすることが大切です。

また、好感のもてるキャッチコピーも大切です。特に、ターゲットとなるお客様の欲求にダイレクトに届くようなフレーズを考えていただくとよいでしょう。その思いを事務所名に込めて表現する例もあります。いずれにしろ、**伝えたいことをわかりやすく表現する**ことが肝要です。

「3 連想」「4 欲望」の段階においては、「実際に相談してみたい」と思っていただくことがゴールになりますから、より具体的な事務所の内容

がわかるようにしておくことが肝要です。

　サービス紹介は当然のこととして、図表4-5に記載したとおり、「相談事例」「よくある質問」「スタッフ紹介」などを充実させていきます。これらの内容は、まだ見ぬ相手に対して「知っておきたい」「確認しておきたい」と思われる内容を、先回りしてお知らせしておくところにポイントがあります。まさにかゆいところに手が届く内容が記載されていれば、よりいっそう「こういう事務所なら期待どおりの結果が得られるだろう」と感じていただくことができるでしょう。

　その中でも、はじめてお会いする場合が多いはずですから、「スタッフ紹介」、とくにあなた自身の紹介は欠かせません。人柄や実績、思いなどをわかりやすく表現しましょう。

　また、この段階においては、「経営理念」「経営方針」「経営ビジョン」「行動指針」なども確認されることが多いものです。特に経営者の場合、自分自身の"思い"や"こだわり"と比較しながら目を通すものです。その思いやこだわりに耐えうる内容や表現にしておきたいものです。

　「5 比較」「6 確信」の段階は、閲覧者が「この事務所で間違いない！」と自分自身に言い聞かせる段階といっても過言ではありません。よって、その背中を押すような内容を用意していくことが肝要です。

　　□他の事務所より豊富なタイムリーな情報
　　□経験と実績に裏打ちされた専門知識
　　□比較可能な相談プラン・料金表

などがそれに該当します。

　また、この段階においては、お客様が必要な情報を能動的に引き出しに来てくれるのを待つホームページのようなプル型・待受型のツールだけではなく、こちらから積極的に情報提供をしていくプッシュ型のツールも検

討するとよいでしょう。たとえば、メルマガやニュースレターなどを通じて能動的、継続的に情報を提供することによって、「そのとき」が来たときにすぐにご連絡いただける関係づくりをしておくことも肝要です。

その点において、ＳＮＳ（Social Networking Service）の活用も有効です。長文である必要はありません。**キーワードは「タイムリー」「すぐに使える」「役に立つ」**です。そのような内容の投稿を通じて、雑誌や新聞などへの原稿の執筆や、セミナー講師などの依頼が入ることもあるようです。そうなれば、間違いなく高いブランディング効果を得られることになるでしょう。

また、その内容は「趣味の話」も有効なようです。どうせ相談するなら、同じ趣味をもった人のほうが楽しいものです。

なお、「相談プラン」や「料金表」は、他と比較して安いかどうかは問題ではありません。提供されるサービスから得られる"満足"と"喜び"の対価として妥当かどうかが判断基準となります。

「値決めこそが戦略」です。あなた自身が提供するサービスに自信をもって値決めをしていただければと思います。

ホームページに働いてもらう

さて、ツールの中でも、重要なポジションを握っているのが「ホームページ」です。「ホームページを見て門を叩いてくる人などいない」との声も聞こえてきますが、一面正しく、一面間違っています。

たしかに、ホームページが購買心理の「1 注意」や「2 興味」につながることは難しいでしょう。検索しなければアクセスできないホームページは、通りすがりの人に注意や興味を喚起する店舗の外装やショーウィンドウのような機能や役割を果たすことはできません。よって、ホームページそのものが振り向いてもらうきっかけになる可能性は、皆無に近いと考えたほうがよいでしょう。

しかしホームページは、「3 連想」以降においては、大いに有用なものになります。すなわち、何らかの手段やルートによって事務所のホームペ

ージにたどり着いた人に、当事務所のサービスをご利用いただくことを「3 連想」し、相談に乗ってもらいたいという「4 欲望」をもっていただき、他の事務所と「5 比較」検討のうえで、最終的には「6 確信」をもって「7 決断」にまで導いてくれるのがホームページの役割なのです。

　逆に、「いい事務所があるよ」とご紹介いただいても、それ以上の根拠なしに門を叩く人のほうが少ないと思っておいたほうがよいでしょう。**ホームページは、紹介された人が確信をもつための"保証書"的な役割をもつものとお考えください。**

　また、ホームページには「事務所紹介用」と「反応獲得用」の2種類があります。

　事務所紹介用が先の保証書的な役割をもつもので、反応獲得用は、お客様自ら検索して事務所を見出していただき、その価値を自ら感じていただいて、自らの意思で反応していただくことを目的としたものです。前者が"守り"とすれば、後者は"攻め"のホームページと考えていただくとよいでしょう。

　反応獲得用のホームページは、とにかく「これが得意です！」を徹底的にアピールするものであり、対象顧客や提供サービスを絞り込めば絞り込むほど効果的となります。まさに特化型のホームページといえます。

　「あまり絞り込み過ぎると、それ以外のお客様が逃げてしまうのではないか」と思われるかもしれませんが、決してそうではありません。たとえば医療機関をターゲットにするホームページに、一般企業の経営者がわざわざ探して訪問することはないでしょう。資産税に絞り込んだホームページを、資産税対策の必要がない人が見に来ることはないのです。

　要するに、そのホームページのターゲットでない人は、事務所が対象顧客や提供サービスを絞り込んでいることそのものに気づくことはありません。逆にターゲットの方々にとっては、「○○に強い事務所」との印象を強くもっていただけるのです。特化したいサービスが複数ある場合は、それぞれについてホームページを用意するとよいでしょう。1つのホームペ

ージに複数のサービスが掲載されているよりも、間違いなくインパクトの
あるものになります。

　さて、反応獲得用のホームページの場合、もちろんＳＥＯ対策も大切で
すが、せっかく上位に上がってきたとしても、反応がもらえなければ意味
がありません。要するに、**反応をもらえる工夫をする**ことが何より大切な
のです。

　まず大事なのは、検索されて**最初に出てきた画面にすべての情報が網羅
されている**ことです。すなわち、スクロールをしないとどんな情報が掲載
されているかわからない、という状態ではいけません。具体的には、図表
4-5で例示した「サービス紹介」「相談事例」「よくある質問」「スタッフ紹
介」「タイムリーな情報」「専門知識」「相談プラン・料金表」がホームペー
ジ内に掲載されていることが示され、クリック１つでその情報にアプロー
チできるようになっていることです。また、キャッチコピーや数字、ま
たは図表や写真などを用いて、文章をじっくり読まなくても事務所の強み
が一目でわかるような工夫も欠かせません。少なくとも、最初に出てきた
画面に「欲しい情報がない」と思われてしまっては、そこで「ジ・エンド」
です。

　また、資料請求やメルマガ登録などの反応しやすい仕掛けを用意し、そ
の反応の入口をわかりやすい位置に置きましょう。

　ホームページの仕様などは、嗜好の変化や技術革新などによって変化し
ていくでしょうが、基本的な要件は、図表4-5で示した内容です。そのポ
イントを意識しながら、"働くツール"にしていってください。多くの潜
在的な見込み客の方々が「7 決断」してくださるものと思います。

3 真にWIN-WINの関係を構築する

　さて、ツール類が整備できましたら、売れる仕組みの２つ目の視点として考えたいのが、「提携先との関係構築」です。税理士事務所にとっての提携先とは、具体的には次のような企業・団体・組織などが該当します。

《提携先の例》
　　□同業者
　　□他士業
　　　　□社労士　　□弁護士・司法書士・行政書士　　□不動産関係　　など
　　□他業界
　　　　□銀行・信金等　　□証券会社　　□保険代理店　　□ハウスメーカー
　　　　□不動産業　　□医療関係　　□葬儀社　　□介護施設　　など

　「同業者」が提携先となるのは、それぞれが目指す事務所のありようがバッティングしない場合です。たとえば資産税に特化した事務所にしたい場合は、「資産税は扱いたくない」事務所にとっては救世主的な存在であり、提携の可能性が十二分にあります。

　「他士業」は、提携先として最も融和性が高いといえます。ターゲットとしているお客様が共通しているケースが多いからです。さらに得意分野が異なっていますから、まさにWIN-WINの関係になりやすい先といえるでしょう。

　「他業界」は、ターゲットとするお客様や取り扱いたいサービスの内容によって変わります。たとえば医療機関をお客様にしたい場合は医療関係の会社が、資産税に特化したい場合は富裕層のお客様を抱えている金融機関や保険代理店、収益物件を提案しているハウスメーカー・不動産業、ま

たは相続発生時において最も早くその情報を入手することができる葬儀社などがその対象となるでしょう。

　いずれにしろ、どこを提携先として考えるかは、「お付き合いしたいお客様」や「提供したいサービス」によって変わります。事務所が目指す理想の事業分野に鑑みて検討いただければと思います。

　さて、提携したい会社・団体・組織が決まれば、実際にアプローチしていくことになりますが、お客様同様、事前に考えておかなければならないことがあります。それは、**提携先の"真の欲求"を知る**ことです。そして、その欲求に対して、**事務所の"強み"でその欲求を満たすことができることを明らかにする**ことです。まさに、お客様に対して考えることと同様のプロセスで検討することが必要です。

　提携先の欲求とは、たとえば、

□自分では対処できないお客様の課題を解決してあげたい
□自分では対応できないお客様の悩みの相談に乗ってあげたい
□自分がもっていない、お客様にとって有効な情報を提供したい
□お客様そのものを増やしていきたい

といった内容でしょう。そして、そのような欲求に対して、あなたや事務所の強みで満たしてあげることができないかを考えるのです。

　本来であれば、こちらからお客様をご紹介することが一番なのでしょうが、開業間もない場合、またはまだそれほど多くのお客様がいない場合は、残念ながらその欲求には応えられそうにありません。よって、好ましい関係を構築するためにお客様紹介以外で何ができるかを考えていく必要があります。**GIVE FIRSTでWIN-WINの関係を構築する**ためにできることを、徹底的に考えてみてください。

　この「WIN-WINの関係」というフレーズは、その関係構築に成功して

いる方から異口同音に出てくる言葉です。それほど重要なキーワードであるとの認識が必要です。

　さて、提携先のターゲットが決まり、提携先の欲求を満たすためにできることが明確になったら、具体的な行動を起こしていくことになります。ときに、ＳＮＳなどをご覧になった方からお声がけをいただけることもありますが、やはりこちらからアクションを起こすことが現実的でしょう。売れる仕組みづくりのためには、これくらいの労力はどうしても避けることはできません。

　まず、前項で作成したパンフレットなどを持参して、ご挨拶にうかがいます。そして名刺交換をさせていただいたら、次に**継続的な情報提供**を行なっていきます。ときには食事をともにしてもよいでしょう。飲食は、好ましい関係構築にとても有効です。もし可能であれば、**定期的な情報交換の場を提案**してみましょう。

　また、提携先の獲得においては、**異業種交流会や勉強会に参加する**ことも有効です。もし参加した会が「馴染む」「居心地のいい」会だとしたら、そこに喜んで参加している方とは、うまくやっていける可能性が高いからです。

　もちろん、会に参加すれば、提携先だけではなく、お客様になってもらいたいと感じる方と出会えることもあります。しかし、気をつけておかなければならないことは、**“直接的”“短期的”な営業活動をしないほうがよい**ということです。それぞれの会には、すでに多くの税理士事務所が入会されています。仮に「税理士事務所を変えたい」と思っている方がいたとしても、その会に所属する複数の税理士事務所の中から１つを選択するというのは、なかなか勇気のいることです。地域密着型の業界ですので、なおさらです。

　では、異業種交流会や勉強会に参加することが、営業活動としてまったく意味がないかといえば、そうともいえません。**会員から紹介をいただく**可能性があります。逆にいえば、そのような“スタンス”で考えることが

ベターであるといえます。

　さて、WIN-WINの提携先を見出す活動に話を戻しましょう。大切なことは、

　　□その会の活動に積極的に参画する
　　□ "GIVE FIRST" で情報提供をしたり、相談に乗ったりする

などの取り組みを通じて、「あの人は信頼に値する人だ」との評価をいただくことです。先の会員からの顧客紹介においても、「他の会員の手前、うちは難しいけど、知人・友人が困っていたら紹介しよう」となるはずです。
　逆に、「入会してみたけれど、まったく営業的な価値がない」と短期的に判断し、早々に参加しなくなれば、「信頼できない人」とのレッテルを貼られてしまう恐れもあります。まずは積極参加とGIVE FIRSTを意識して活動されることをおすすめします。

　さて、このような取り組みを通じて出会い、継続的な情報の提供や交換などといったお付き合いによって好ましい関係を構築することができたら、次に点から線、線から面へと展開していきます。たとえば、その人が支店に所属されていれば、

　　□支店長をご紹介いただく
　　□支店内で、勉強会の講師をさせていただく
　　□支店のお客様向けのセミナー講師をさせていただく
　　□支店のお客様対象の無料相談会の相談員をさせていただく

といった具合に広げていくわけです。
　勉強会やセミナーの講師、または無料相談の相談員などをさせていた

だくことは、単にお客様をご紹介いただくよりもいい点があります。それ
は、**"先生"という立場から入ることができる**ことです。これは意外に大
きなポイントです。単なる紹介ですと、"業者"的な扱いを受け、いま関
与している税理士事務所と比較され、単純な顧問料勝負に陥ってしまう可
能性を秘めているのです。ときには、既存契約の値引き材料に使われて終
わってしまうケースさえあります。

　しかし、「いまの税理士事務所から聞いたことがない知識や情報を提供
してくれる先生」であれば、状況は一変します。そして「この先生なら、
当社の成長に寄与してくれるかもしれない」との期待をもっていただいた
うえで営業活動を展開させることができる可能性が高まります。まさにお
客様から「お願いですから当社の面倒をみてください」と言っていただけ
る活動となるのです。

　また、セミナーを自前開催することは、とてもハードルの高いものです。
もちろん、その開催能力があり、また高い訴求力をもつテーマや講師が存
在するならば、定期的、継続的に行なうことで「○○に強い会計事務所」
の演出にも効果的といえるでしょう。

　しかしそうでない場合は、やはり"集客力"をもつところにセミナー開
催を委ね、講師としてお呼びいただくことが現実的です。この点も、提携
先の魅力の1つといえます。

　このようなその支店での活動が認められれば上へと伝わり、または横へ
も波及していくなかで、結果として、公式な提携先へと発展していく可能
性が出てきます。

　また、窓口となってくれた人が転勤すれば、タンポポの種のように、彼
が移った場所で花開き、さらなる展開が実現できるかもしれません。さら
に、その彼が出世をし、支店長、営業部長、最後には社長にまでなれば、
まさに盤石の提携先となることでしょう。そこまで都合のよい結果にはな
らなかったとしても、最初の1人がWIN-WINの関係構築の突破口となる
ことは間違いありません。

第
4
章
▼
"売れる仕組み"を構築する

157

いずれにしろ、１人の方を皮切りにして、「社内勉強会」「お客様向けセミナー」「無料相談会」などの取り組みに発展させ、WIN-WINの関係を構築することで、売れる仕組みをつくっていっていただければと思います。

　さて、提携先選定にあたっては、いくつか気をつけておかなければならないことがあります。

　第一に、**売れている人、もしくは売れる可能性のある人と組まないと意味がない**ということです。少なくとも、負け犬の集まりにならないようにしなければなりません。

　そのためにも、自分磨きが欠かせないことは、覚悟しておく必要があります。逆に、あなた自身の能力が高まれば高まるほど、尖れば尖るほど、相手側から声がかかるようになるものです。ぜひあなた自身を磨き続けてください。

　第二に、**自分ができることであっても紹介する**ことです。もちろん、それがあなた自身でどうしてもやりたい内容であれば別です。しかし、そうでもないことであれば、あなたができることであっても紹介に回してしまったほうがよいものです。わずかな実入りに執着するよりも、種まきをすることを考えてみてください。

　第三に、「**相談だけでもいいから、いつでも連絡して**」という姿勢をもつことです。仮に、その人には提携している税理士が複数いたとしても、「声のかけやすさ」によって、相談件数は変わってくるものです。中には「頼るだけ頼ってまったく見返りがない」人がいないわけではありません。しかし、そういう人は、会ったときから付き合いたいとは思わないと思います。江戸時代の儒学者・佐藤一斎は『言志録』で「初見の時に相すれば人多く違わじ」と、第一印象の大切さを説いていますが、そういう人は「やっぱりそうだったか」という人です。それがわかったときに見切りを付ければよいのです。まずは「いつでもＯＫ」の姿勢をもつことが大切です。

　最後に、**紹介されたら相手の顔を立てる、少なくとも顔を潰さないことに留意する**ということです。そのために、最低限やっていただきたいこと

があります。

　□紹介をいただいたお客様に、紹介者がいかにいい人か、どれほど役に
　　立つ人かを伝える
　□お客様とのやりとりは逐次報告をし、感謝の言葉を伝える
　□後日、そのときの相談以外の相談を受けた、または依頼をされた場合
　　は、その旨をお伝えする

　報告・連絡・相談は、紹介者との関係においても大切なことなのです。
仮に、報告を失念した内容を周りから耳にされたら、紹介をくださった方
はどう思うでしょうか。自分の立場に置き換えて考えてみてください。「報
告しようと思っていました」では遅すぎます。事前に行なえば報告ですが、
事後となってしまったら、何を言っても言い訳にすぎません。報告・連絡・
相談を怠らないように気をつけましょう。

4　お客様からの紹介を
獲得するコツ

（1）お客様からお客様をご紹介いただく

　これまでの活動を通して、徐々にお客様も増えてきます。税理士事務所にとって、もっとも効果的で本質的な営業活動といえば、やはり既存のお客様から"紹介"をいただく活動でしょう。

　紹介はお客様の満足度のバロメーターともいえるものであり、事務所経営における最も重要な指標の１つといっても過言ではありません。まずはお客様にご満足をいただき、積極的に紹介をいただけるような関係をつくっていくことが大切です。

　そのためにもまず、先に紹介した「AMTULの法則」における「愛用客」「使用客」「試用客」の３つの視点を応用して、お客様を次の３つのグループに区分してみましょう。

図表4-6　「AMTULの法則」を応用したお客様区分

グループ	特　徴
愛用	ファンになってくださっている。当事務所との付き合いを得意気に話をしてくださり、ご紹介も積極的にいただける。
継続	特に問題なくお付き合いいただいている。しかし、紹介をいただけるほどではない。
懸念	とりあえずご利用いただいているが、ご満足いただいているかどうかわからず、関与切れの恐れがぬぐえない。

　基本的に、紹介をいただけるお客様は、"愛用"グループに所属するお客様だけだと考えておいたほうがよいでしょう。よって、すべてのお客様

が愛用グループに入っていただけるよう、"満足"レベルを上げていかなければなりません。

　そのためにまずは「懸念」グループのお客様につき、本心をお尋ねしたうえで、改めてそのお客様が求める"本質的価値"を明らかにしてご提供することで、ランクアップを図っていきましょう。また、満足を阻害している要因がある場合は、それが何かを明確にしたうえで改善していくことになります。この対応が好ましいものであれば、継続グループを通り越して、愛用グループへと昇格していくことも夢ではありません。

　次に「継続」グループのお客様につき、もっともっと本質的価値を感じていただくためにはどのようにしたらよいかを考え、実践していきます。積極的に提案し、よりいっそうの満足をご提供できるようにしていきましょう。

　そして、「愛用」グループのお客様には、具体的にご紹介をいただけるように働きかけていくことになります。税理士事務所においては、「紹介キャンペーン」などといった取り組みは現実的ではありません。日常的、継続的なお声がけが大切です。

　一方で、単に「ご紹介ください」では、なかなか結果が出ないものです。どんな人や会社を紹介したらよいか、にわかにイメージすることが難しいからです。そこで、紹介をお願いするにあたっては、第3章で述べた、お付き合いしたいお客様がどのような"特性"をもっているかを明らかにし、**お付き合いしたいお客様の"特性"を明確に示してご紹介をお願いする**ことが肝要です。

　「このようなお悩みをおもちの方がお近くにいらっしゃるようでしたら、きっとお役に立てると思います。どなたかいらっしゃれば、ご紹介ください」

と、対象となる方を限定すれば限定するほど、紹介していただきやすくなるものです。まずはご紹介いただきたいお客様の特性を明確にしましょう。

　また、どうしても「ご紹介ください」の一言が口から出ない場合は、名

刺の裏に同様の内容を記載する、または別途、紹介していただきたいお客様の特性と連絡先記載欄を設けた「紹介依頼カード」などを用意することもおすすめです。これであれば、いかにシャイな人でも紹介獲得活動が実践できます。

前述のとおり、紹介は日常的・継続的にお願いするものではありますが、なかでも**お客様の"満足の瞬間"が最適**です。

たとえば、税務申告後の最終報告の場や、相続財産のシミュレーション結果や経営計画書の報告時などは、満足がピークに達しているものであり、その瞬間こそが、一番ご紹介をいただきやすいタイミングです。「同じようなサービスを望まれているお知り合いの方はいらっしゃいませんか？」と言えばターゲットイメージも明確ですから、いっそう紹介をいただきやすいでしょう。

よって、より多くの紹介をいただきたいのであれば、**意識的に満足を感じていただく機会を増やしていく**、すなわち、既存のお客様に対する追加サービスのご提案を積極的に行なっていくという観点も必要です。追加サービスの提案によって収益を増やし、追加サービスの実施によってお客様満足を高め、さらに紹介をいただくことで新規契約での収益を増やす、まさに理想的な展開といえます。

また、意外に感じられるかもしれませんが、**新規契約時は紹介獲得の最良のチャンス**です。

新規契約時は、前述の「購買心理の7ステップ」の最終ステップである"決断"をした瞬間です。実は満足がピークに達した瞬間でもあるのです。「サービス提供を開始してから」「提供するサービスによって満足を感じていただいてから」と考えず、ぜひ、契約をいただいたその瞬間に、「同じような悩みをおもちのお知り合いの方はいらっしゃいませんか？」と声をかけてみましょう。ご自身が自信をもって決めた事務所です。自信をもってご紹介いただける可能性は高いものなのです。

さて、実際にご紹介をいただいたとしても、面談に至らなければ契約に

はつながりません。ご紹介をいただいてから実際にお会いできるまでの間に重要な役割を果たしているのが、やはり「ホームページ」です。紹介を受けた方は確実に目を通すと思ってよいでしょう。紹介をもらった税理士事務所がどのようなところなのかを確認したいと思うのは当然のことです。

　そのときに、本質的価値や事務所の強みが伝わるような内容を完備したホームページであれば、「会ってみよう！」という気持ちが高まります。繰り返しになりますが、事務所紹介型のホームページは、問い合わせを増やすためのものではなく、ご紹介をいただいた際の"安心"と"期待"を担保するものとの認識が必要です。

　さて、前述で「紹介いただけるお客様は、愛用グループに所属するお客様だけ」とお伝えしましたが、愛用グループのすべてのお客様が紹介いただけるとは限りません。実際に、ご満足いただいているはずなのに、なかなかご紹介いただけない、ないしは紹介をお願いすると話を逸らされるようなお客様もいると思います。

　実は紹介は、そのお客様の性格が大きく関わってくるものなのです。ということは、紹介獲得活動を進めるにあたっては、「まんべんなくお願いする」のではなく、「紹介いただける方に注力する」ことが大切だということです。

　これまでに紹介していただいた方の顔を思い浮かべてみてください。共通点はないでしょうか。たとえば、「声が大きい」とか、「よく笑う」とか、「いろいろなところを紹介してくれる」などの特徴です。

　お客様1人ひとりの顔を思い浮かべながら、紹介の実績のあるお客様、または紹介してくれそうなお客様を中心にして声がけしていってください。

　実は、そのようなお客様は、意外にも「継続」ないしは「懸念」グループのお客様の中にもいるものです。事務所が提供するサービスに対する満足度にとらわれず、お客様の"性格"を重視して、顔を思い浮かべてみてください。

最後に、ご紹介をいただいた際のお礼ですが、お客様との信頼関係に基づく紹介が主となる税理士事務所においては、過度な特典はあまりそぐわないようです。紹介をいただいた時点では、数千円の図書カードなどの気を使わせない程度のものがよいでしょう。

　また、無事成約した場合は、お金よりも食事のお礼のほうが喜ばれるようです。紹介された方、していただいた方、双方をお呼びして会食することで、よりいっそう円滑なお付き合いの始まりが実現できるという効果もあります。

(2) お客様から提携先をご紹介いただく

　さて、お客様からいただくご紹介先は、何もお客様ばかりではありません。前項で説明した提携先の発掘においても、大きな力になっていただけるものです。お付き合いしたい提携先と接点をもつためには、**お客様から取引のある先を紹介してもらう**ことが一番の近道であり、かつ確度が高いものだからです。縁もゆかりもない先に飛込みでアプローチするよりは、間違いなく接点をもたせていただくことが容易ですし、「○○社長の紹介であれば」と、好意的に見てもらえる立場でファーストコンタクトを取ることもできます。

　また、お客様と取引のある先であれば、仕事の仕方やそのレベルなどもわかりますし、お客様から担当者の人柄や会社に対する評価をお聞きすることもできるのです。

　さらには、税理士事務所はお客様の取引がすべてわかる立場にいます。お客様が、どの会社から、何を、どれくらい仕入れているのか、購入しているのかが手に取るようにわかるわけです。

　仮に、あなたがそのお客様の仕入先だったとしましょう。それもそのお客様はあなたにとって最も大口のお客様です。そのようなお客様が「うちの税理士先生、本当にいい人なんだけど、君のお客様で、どこか困ってい

る会社とかないかな？　もしあるようなら紹介してやってくれよ」と頼まれたらどうしますか。必死になって探されるのではないでしょうか。そうまでしなくても、それまでは何の関心もなかった“税理士”というキーワードが頭に残り、これまでは素通りしていたその単語が耳に入れば、すぐに思い出せるようになるものです。

　要するに、他業界であれば多額の金額を払ってしか手に入れることができない営業リストを、ただで見せていただいているようなもの、ということです。このメリットを活かさない手はありません。

　もちろん、そのお客様が属する業界があなたにとってターゲット業界であることが大前提ですが、お客様の仕入先であるということはお客様と同業界に属する会社とたくさん取引されているということです。その仕入先とお付き合いができるようになるということは、その先にいらっしゃる未来のお客様との接点をもつことができるようになるということなのです。

　「御社がお付き合いされているこの会社ですが、できればご紹介いただけませんでしょうか。私はこの業界のお役に立ちたいと思っています。もし社長が私どものサービスにご満足いただけているとすれば、間違いなく私どもはこの業界に貢献できると思います。ぜひご紹介ください」と頼んでみてください。本当に満足されていて、さらに「この人のためになりたい」と思うほどのファンになってくださっていれば、間違いなく喜んでご紹介いただけることでしょう。

　もちろん、仕入先に限らず他士業や金融機関などもご紹介をいただくターゲットとなります。

　ただ、せっかくご紹介いただいたとしても、中には「あの会社は○○事務所との関係が深いから」などと、二の足を踏むような先もあるかもしれません。しかし、他事務所と深い関係にある先であったとしても、担当者１人ひとりまで浸透しているとは限りません。特に、お客様に出入りしている担当者からすれば、会ったこともない提携先の事務所よりも、担当し

ているお客様からの紹介事務所のほうが受け容れやすいものです。よって、予見を挟まず、まずは紹介いただいた方と個人的な付き合いを深めていかれるとよいでしょう。「会社には内緒で……」は間違いなくあるものです。

（3）自らコミュニティを創設する

　最後に、ファンとなってくださるほどのお客様は、新たなコミュニティの核となっていただくこともできます。この視点は少し手間のかかるものになりますが、構築できれば、それまで以上の強固な関係を構築することができます。

　たとえば、提供したいサービスに関する「勉強会」を愛用グループのお客様に提案し、その場にお知り合いを連れてきてもらうのです。愛用客ですから喜んでお誘いいただけるでしょうし、そのテーマに関心をもっている方が参加するのですから、その時点でターゲットとなる方である確率は高いはずです。さらにはその勉強会を定期的に開催していくことをご提案し、最終的には「交流会」にまで発展させることができれば、農耕型の税理士事務所に最もマッチした仕組みづくりになると思います。

　また、１つの会を大きくすることよりも、運営は大変ですが**少人数の会を複数もつほうがつながりは深くなる**ものです。"満足度"と"親密度"が両立できる参加人数の限界は、20人程度と考えておくとよいでしょう。多くの会をつくりながら、極力事務所の負担を抑えていくために、会を立ち上げ、活性化してきたところで、参加メンバーが自主的に運営していってもらえるように工夫されるとよいでしょう。自主運営になることで、参画意欲も高まるものです。ぜひ、そのような"仕組み"づくりをしていっていただければと思います。

第 **5** 章

開業時から
標準化を進める

1 標準化が否定される 理由

　継続的に成長する事務所のうち、スタートアップ時から成功を収めている事務所の共通点としては、開業時から標準化を進めていることが挙げられます。後になってその価値を感じる方が多いようで、多くの方が異口同音に「開業当初から標準化を進めておけばよかった」と後悔の言葉を口にされます。

　開業時はお客様も少なく、時間があり余るほどありました。また、自分1人ですから、職員の反抗や反発などをまったく受けることなく、自分自身が最も効果的・効率的だと思うやり方に集約することができました。さらに、はじめから標準が用意されていれば、その後入ってくる職員にとってはそのやり方が「当たり前」ですから、素直に受け入れて身につけていくことができたことでしょう。

　ところが、標準化に取り組むことなく時間を過ごしていくとどうなるか、想像してみてください。

　営業活動の甲斐あってお客様が徐々に増え、目の前の仕事をこなしていくので精一杯になっていきます。そこで職員を採用することになるのですが、仕事を教える時間がありません。結局「自分で考えてやってね」となり、職員独自のやり方が許されていきます。また、増えていくお客様に対する経理指導もままならず、効率の善し悪しは度外視でそのお客様のやり方を無抵抗に受け入れていかなければなりません。そのようなプロセスを経て、目まぐるしく業務に追われる日々を過ごすことになっていくのです。

　このような状態は、何としてでも避けたいものです。だからこそ、開業当初から標準化を進める必要があるのです。

一方で、税理士業界には、"標準"というフレーズに抵抗感をもつ方も多いようです。よく耳にするのは、次の2つの理由です。

「お客様のやり方に合わせてあげるのがお客様のため」
「そもそも税理士事務所の仕事は、いろんな人の都合に振り回されるもの。標準化したって意味がない」

　しかし、本当にその理由は正しいのでしょうか。もしいまのお客様のやり方が不効率で、価値のないものであったら、それをそのままにしておくことが本当にお客様のためといえるのでしょうか。また人の都合に振り回されるのは、「あるべき姿」が明確になっていない、もしくは共有されていないだけなのではないでしょうか。いずれにしろ、決して本質的な理由とはいえないと思います。
　それでも標準に対する抵抗感がぬぐえないのは、まだ標準がなかった時代に苦しんでつくり上げた自分のやり方（自分標準）や、必死に覚えたお客様ごとのやり方（お客様標準）を変えなければならないところから感じる、

・これまで正しいとされてきたことを否定される"腹立たしさ"
・「過去が無意味だったのか？」と感じる"虚しさ"
・せっかく覚え、つくり上げてきたものを捨てる"怖さ"
・これまでにないものを覚え、つくり上げることに対する"億劫さ"

などがあるのかもしれません。
　しかし、真の標準化とは、そのように過去を否定したり、捨て去ることではありません。次項以下、述べていきます。

2 標準化の真の目的とは

　真の標準化とは、過去を否定したり捨てたりするものではなく、それどころか、**過去に積み上げてきたものの中から、お客様にとっても、事務所にとっても、そこで働くすべての人たちにとっても、最も効果的かつ効率的なやり方に集約していく**ことです。過去を最大限活かすのが好ましい標準化の進め方であり、その結果、真にお客様に喜ばれ、事務所の業績を改善し、働く人々が楽になる、それが標準化の本当の価値なのです。

　標準化は、特にそこで働く人たちの成長に大きな影響を及ぼします。**図表5-1**をご覧ください。

図表5-1　標準化の人材育成効果

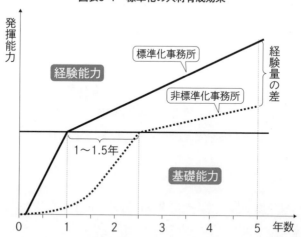

　縦軸が「発揮能力」、横軸が事務所に入ってからの「経験年数」を表わします。発揮能力は「基礎能力」に「経験能力」を積み上げたものという

構成になっています。そして折れ線グラフは、実線が標準化を実施している事務所、点線はそうでない事務所の発揮能力の経験年数ごとの推移を表わすものです。

　まず基礎能力は、税理士事務所の業務をするうえで、欠かすことができない能力を指します。この基礎能力を積み上げていくにあたって、標準がある事務所とない事務所では、その成長度合いにおいて大きな違いが出ます。

　もしこの世の中に「九九表」がなかったら、算数を学ぶのにどれほどの時間がかかったでしょう。もしこの世に「五十音表」がなかったら、言葉を覚えるのにどれほどの時間がかかったでしょう。もしこの世に「㎝」「㎏」といった単位がなかったら、モノを計るのにどれほどの時間を要するでしょう。標準とはそのように、これがあると効果的・効率的に覚えたり、できたりするものであり、これがあるのとないのとでは、図表5-1のように、1年から1年半くらいの成長スピードの差が生まれるものだと認識しておく必要があります。

　標準がない世界では、この「覚えるスピード」が、個々人の“能力”という一言で片付けられていました。しかし、決してそうではありません。標準がありさえすれば、その能力差は縮めることができるのです。

　さらに、標準があれば育てる時間も心労も極限まで減らしていくことが可能になります。新人が入ってきても、「これを見てやってね。わからなかったら聞いてね」で終わってしまうからです。標準には、教える側の負担を削減する効果もあるのです。

　そもそも、インターネットやエクセル、ワードなどといったソフトも標準です。ソフトは標準化されているものを使っているにもかかわらず、その使い方が標準化されていないのも、おかしな話です。

　次に経験能力についてですが、これは“経験量”を増やすことによって積み上げていくことができる能力です。逆にいえば、経験しないと積み上

げることができない能力といってよいでしょう。

　特に労働集約型産業である税理士事務所の仕事は、経験年数と発揮能力に相関関係はありません。経験年数が長くても発揮能力の低い人はいますし、たとえ経験年数が短くても発揮能力が高い人もいます。要するに、**発揮能力と相関関係があるのは経験量であり、経験量の多少がその人の発揮能力の大小を左右する**のです。

　標準化された事務所では、１つひとつの業務においてより効果的・効率的に成果が実現され、より多くの新たな経験を積む時間が捻出されています。ところが標準化されていない事務所では、非効率な仕事を余儀なくされ、標準化されていれば得られたはずの経験値を得ることができません。また、業務の密度が低いわけですから、せっかくやっている業務から学べることも少なく、結果として標準化されている場合に比較して、時間が経てば経つほど、その差は開いていくばかりです。

　事務所によって職員の成長スピードが異なるのは、個人の能力差ばかりでなく、標準化の進行度や浸透度に要因があるといっても決して過言ではありません。標準化は、税理士事務所の人材育成においても、避けては通れないテーマといえるのです。

　さらに、標準化そのものが、事務所のさらなる成長に大きく寄与するものです。**図表5-2**をご覧ください。

　先ほどもお伝えしたとおり、標準化の価値は、まず標準どおりの仕事をすることによって、早期に基礎能力を身につけていくことができるところにあります。結果として、より効果的・効率的な育成と成果を実現することができるようになります。これが標準を訓練することによる「①早期育成」の価値です。

　しかし、標準に完璧はありません。不完全を常とするものです。また、過去には最も効果的・効率的だったやり方が、時代の変遷によってそうではなくなってしまった、というものもあるでしょう。要するに標準に「疑

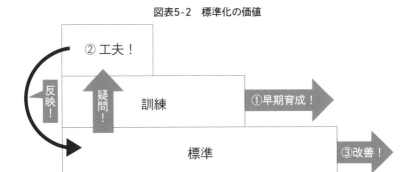

図表5-2　標準化の価値

問」が生じる場合があるということです。

　「標準どおりやることが大切」といまの標準に固執してしまい、せっか
く感じたその疑問を放置することは、効果的・効率的な業務の妨げになっ
てしまうものなのです。

　真の標準化においては、その疑問は放置してはいけません。どうしたら
もっと効果的・効率的に仕事をすることができるかと考え、「②工夫」し
ていくところにその価値があります。標準化には、疑問を解消していく工
夫が不可欠なのです。

　さらに、その工夫を個々人の成果に留めてしまっては、意味がありませ
ん。そもそもその時点でもはや標準ではなくなってしまっています。そこ
で、それらの工夫を盛り込んで標準そのものを見直し、さらに効果的・効
率的な方法に「③改善」し続けていくことが大切になるのです。

　このように標準化とは、一度決めたらそれを守り続けるものではなく、
常に最も効果的・効率的な状態を維持するために改善し続けるものでなけ
ればいけません。**真の標準化とは、進化・発展し続けるもの**なのです。

3 標準化のための 改善の視点

　真の標準化には、改善し続けていくことが必要であることをご理解いただいたところで、具体的にどのように改善に着手すればよいかについて、考えてみたいと思います。

(1)改善の着眼点

　まず、改善には、次のような着眼点があります。

① 業務そのものをやめてしまうことはできないか？
② 業務そのものを簡単にすることはできないか？
③ 業務を他の人・モノ・方法で代替することはできないか？
④ 業務の順序を変更することで時間短縮できないか？
⑤ 複数の業務を一緒にすることで時間短縮できないか？
⑥ 複数の業務を並行して行なうことで時間短縮できないか？

　なかでも最も大切な着眼点は①、すなわち「やめるべき業務をやめる」というものです。アメリカの経営学者、P・F・ドラッカーの言葉に、
　「すべての仕事について、まったくしなかったならば何が起こるかを考える。何も起こらないが答えであるならば、その仕事は直ちに止めるべきである」（『経営者の条件』ダイヤモンド社刊より。以下同）
というものがあります。この言葉は、常に"成果"を考えた意思決定をしなければならないことを示唆しています。標準化の目的は、できる限り少ない労働時間でできるだけ多くの成果を上げること、すなわち生産性をとことん向上させていくことにあります。もしいまかなり時間を使っている

業務が何の成果も得られない、ないしはそれだけの時間を投入するほどの成果を上げられていないのならば、その業務を行なっていることそのものが生産性を阻害している要因といえます。そのような業務は「直ちにやめる」必要があるのです。

さらにドラッカーは、

「成果の上がらない者は、努力に焦点を合わせる。成果を上げる者は、貢献に焦点を合わせ、外の目標に目を向け、責任を重視する」

と述べています。

これには少し耳が痛いと感じる方がいるかもしれません。かつてこの業界は、「一所懸命頑張っている」ことが何よりも評価され、長時間労働が褒め称えられた時代がありました。もちろん、「期限を守る」「品質責任を果たす」ことは当然ですが、そこには「早くやる」「短時間でやる」という視点が不足し、事務所に長くいることが最大の貢献であるような誤解が生じていた節があります。その結果、生産性を高め、短時間でより多くの貢献を果たせるようにしていこうという気運が十分に醸成されてこなかったように思われます。

しかし、時代は変わりました。ワークライフバランスが重視され、働き方の改革が求められるようになっています。働き方改革は、ともすると働きたくても働けなくなる状況を生み出すことになりますから、よりいっそう少ない時間で多くの成果を生み出していこうとする意思と意欲が求められる時代になってきているといえるのです。

よって、標準化を進める際には、**成果が上がらない業務は、積極的にやめる**という姿勢をもつことが大切だといえます。

そこでまず、事務所内にあるすべての業務の棚卸しを行ない、続ける業務とやめるべき業務の色分けをしていく必要があります。次ページ**図表5-3**をご覧ください。この表は、業務を「重要度」と「緊急度」の観点から分類するものであり、そのいずれも低いのであれば、積極的にやめることを考えていくためのものです。

図表5-3　重要度・緊急度マトリクス

緊急度	大			
	中			
	小			
		小	中	大
		重要度		

　これから開業しようとされている場合、ないしはこれから新しい業務をしようとされている場合は、ときどきに発生する諸業務を、この表に照らし合わせ、重要度も緊急度も低い業務は最初からやらない、すなわち「余分な仕事はしない」と決めてしまうことが大切です。

　さて、「改善の着眼点」全体に戻って、その検討方法を具体的に考えてみましょう。税理士事務所の業務の中で、最も成果が伴わない「移動」についてその着眼点に照らし合わせて具体策を挙げるとすれば、次のような内容が考えられます。○付数字は先の「改善の着眼点」に付された番号を意味しています。

図表5-4　改善の着眼点を具体的に考える（例）

改善の着眼点	具体的施策
①移動そのものをやめてしまう	□オンライン会議システムなどを利用する □お客様にご来所いただく
②移動ルートを短縮する ④訪問の順番を変える	□訪問先の組み合わせを変えて、総移動時間を減らす
③移動を伴う業務担当者を分散する	□訪問目的(報告・面談・資料回収・お届けなど)によって、訪問者を変える
④移動を伴う業務のやり方を変える	□資料回収やお届け物については、宅配便などを利用する
⑤⑥移動中に他の業務を実施する	□移動時間中に、仕事に役立つ書籍を読む、勉強する

　移動業務に限らず、すべての業務に対して「改善の着眼点」に基づいて

検討することによって、

□発想が行き詰まったときの助けになる
□硬直した思考をほぐしてくれる
□固定観念・既成概念にとらわれることがなくなる
□検討すべきプランの見落としを防ぐ
□常識を超えた方法や新しいアイデアの組み合わせを発見できる

などのメリットを得ることもできます。ぜひ、これらの視点を参考にしながら、目の前の業務を改善し、その結果を標準にしていっていただければと思います。

　なお、この「改善の着眼点」は、コピーをとるなどして、机の上に置いておくとよいでしょう。常に目にする場所に置いておくことで、折りにふれ、目の前の仕事への疑問や改善点に気づくことができ、「②工夫」が生まれるきっかけになると思います。

(2)提供サービス内容の視点

　さて、標準化を進めるうえで、もう1つ知っておいていただきたい視点があります。それは、お客様に対して提供しているサービスの中身です。**図表5-5**をご覧ください。

図表5-5　提供サービス内容の区分

a．主体業務	いただいている報酬に対する本質的業務
b．付随業務	主体業務を行なうために実施しなければならない準備業務
c．付帯業務	報酬の範囲を超えて提供している業務

　この区分に従って、一例として月次業務を分解してみましょう。
　「a．主体業務」の内容は、第3章で明らかにした**事務所が提供するサ**

ービスの本質的価値は何かを表わすものといえます。たとえば、「試算表に基づき、お客様と一緒に課題や改善策を考える」ことが本質的価値だと定義づけするならば、訪問・来社・オンライン面談などの方法のいかんを問わず、お客様と話をしている時間だけが主体業務であるといえます。

また、各種システムやＩＴ分野における技術的進歩や周辺サービスの向上などによって、これまで人の手に頼らざるを得なかった業務が、人でなくてもできるようになってきています。その意味においてこの主体業務とは、最終的には**他に代替できない、人にしかできない業務**といってもよいでしょう。

よって、月次業務以外においても「とことん削っても、これだけは人の力に頼らざるを得ない業務」であり「事務所の本質的価値を提供する業務」が主体業務になります。

さて、主体業務が試算表に基づく面談であるとするならば、それを実現するためには、試算表を作成しなければなりません。このように、**主体業務を実現するための準備の業務**が「ｂ．付随業務」です。

主体業務との対比でいえば、「将来的には、人の力を要しなくても済む業務」といえるかもしれません。いずれにしろ、主体業務を行なうために、何をしなければならないかを具体的に棚卸ししていくことになります。

最後に月次業務における「ｃ．付帯業務」とは、たとえば、

□本来、お客様にやっていただかなければならないことを引き受けてしまっている

□他のお客様にはないお客様固有の業務を無償で引き受けてしまっている

□本来は報酬をいただかなければならない業務を無償で提供してしまっている

といった内容がこれにあたります。意図的かなし崩し的かは別にして、**本来は、別途ご請求させていただかなければならないものを、いただいてい**

る報酬の範囲内で提供してしまっている**業務**といえるでしょう。

このような業務は、決して少なくありません。

　□仕事がなかった開業時点で引き受けてしまったことが断れない
　□お客様の要望を断り切れずにどんどん増えていってしまった
　□本当は請求しなければならないとわかってはいるが言えなかった

などということはよくあることです。しかしそれが生産性を阻害していることは間違いありません。ぜひこれを機に、お客様1件1件に提供している業務を棚卸ししてみてください。

　一方で、一部のお客様だけに提供している業務やサービスの中に、事務所の本質的価値を提供するものが含まれている可能性も否定できません。そのようなものが明らかになったならば、主体業務ないしはその付随業務に"昇格"させることも検討の余地があります。

　このようにして、行なっている業務を図表5-5の視点で区分できたら、次のステップによって改善を図っていくことになります。

　Step1　付帯業務を削減する
　　　　　ａ.業務そのものをお客様に移管する
　　　　　ｂ.業務そのものをなくす
　　　　　ｃ.有償での提供に切り替える（主体業務にする）
　Step2　付随業務を徹底的に効率化し、標準化を図る
　Step3　生み出した時間で主体業務を増やしていく

4 標準化を進めるうえでの留意点

　ここから具体的に標準化を進めていくことになります。開業前、ないしは開業間もない場合は、ほぼゼロの状態から標準をつくっていくことができますから、何の制約もありません。現状考えられる最も効果的・効率的な標準を明らかにし、その標準をお客様に納得いただけば、粛々と標準業務の浸透を図っていくことができます。これこそが、本章のテーマである、開業時から標準化を進める価値なのです。

　しかし、すでにある程度のお客様を抱えている場合は、現在のお客様に対する業務のありようと、これからつくろうとする標準との間にギャップが生じてきます。そのギャップを円滑に埋めていくためには、いくつかのポイントがあります。ここでは5つに絞ってお伝えします。

　なお、標準化を図っていくにあたってすべての視点において共通する要諦は、**標準化しやすいことから進めていく**ことです。そのことを念頭に置いて考えていただければと思います。

（1）季節業務からはじめる

　まず大切なのは、「どの業務から標準化を進めていくか」の判断を間違えないことです。前述のとおり、できるだけ標準化しやすい業務からはじめることになります。

　そこでまず、業務ごとの標準化のしやすさを確認してみましょう。**図表5-6**をご覧ください。この表は、月次業務・決算業務・確定申告業務・年末調整業務それぞれについて、そのインプット（資料回収）とアウトプット（提供資料作成）の業務の難易度を、「資料の同一性」「資料のボリューム」「資料の処理負担」の観点で、難しいものから順に「高」「中」「低」

で区分しています。お客様ごとに多少の違いがあるかもしれませんが、お
おむねこのような結果になると思われます。

図表5-6　標準化の難易度

インプット	業務	アウトプット
高	月次業務	高
中	決算業務	高
中	確定申告業務	中
低	年末調整業務	低

　この観点に立って業務の標準化のしやすさを考えますと、

年末調整業務　→　確定申告業務　→　決算業務　→　月次業務

の順番で行なうことが最適だといえます。すなわち、標準化を進めるにあ
たっては、季節業務から行なうことが最適であるということなのです。
　標準化しやすい季節業務から着手することで、結果として成果も実感し
やすくなるものです。成果が実感できれば、その達成感と標準化に対する
自信が生まれ、標準化に向けたさらなるチャレンジングな気持ちと行動が
生まれるものです。その意味においても、まずは季節業務から標準化をさ
れることをおすすめします。

(2)標準化しやすいお客様からはじめる

　2つ目の視点が、標準化に着手するお客様の順番を間違えないというこ
とです。
　標準化とは、「**事務所標準**」を明確にし、推進していくことです。換言
すれば、**お客様標準の受入れから事務所標準の推進への転換を図る**ことと
もいえるでしょう。
　その実現における最大の要諦は、**標準化の対象としないお客様を明確に**

することにあります。あなたの事務所にも、「言うことを聞いてくれない」「お願いしてもやってくれない」「何か言うとすぐ文句を言われる」といった、いわゆる「やりにくいお客様」が一定数存在すると思います。

しかし、そのようなお客様の割合は、どれほど多くても10％を超えることは滅多にありません。実際に「このお客様を標準に乗せることは絶対に無理！」と断言できる先を挙げてみると、意外に少ないと思います。多く感じるのは、そのようなお客様の存在感があまりにも大きいからであり、それだけ関わる人たちが苦労され、負担に感じている先だからだといえるでしょう。

そのようなお客様に対しては、いまの状態でも採算が取れているかを検証してみましょう。採算が取れているかどうかは、後ほど説明する「時間単価」によって明らかにすることになります。もし、採算が取れているようであれば、そのままお客様標準を受け入れます。しかし問題があるようであれば、単価交渉をするなり、契約をお断りするなりの対策を打つことになります。これが適切な事務所標準実現の第一の視点です。

第二に、標準化の対象となる先については、「標準化しやすいところからはじめる」という鉄則どおり、**標準化しやすいお客様から進めていく**ということです。

これは経験則ですが、「標準化のしやすさ」でお客様を区分すると、おおむね**図表5-7**のような割合になります。そのブレは±５％程度と考えておいてよいでしょう。

ぜひ一度、この基準を参考にお客様の区分をしてみてください。そしてすでに「こんなお客様ばかりだったらいいのに」と思え、かつ事務所にとても協力的な「Ａ」に区分されたお客様から標準化を進めていってみてください。

ちなみに「Ｓ」とは、先の標準化の対象としないと決めたお客様であり、特別な対応をすることを表わす "Special" の頭文字です。

図表5-7　標準化におけるお客様区分とその割合

区分	内　　　容	割合
A	・「こんなお客様ばかりだったらいいのに」と感じられる ・事務所からのお願い事も快く受け入れてくださる ・半年～1年あれば事務所標準を実現できる	30%
B	・少し手間をかけなければいけない ・2年くらいかければ事務所標準を実現できる	40%
C	・かなりの手間がかかることを覚悟しなければならない ・最低でも3年はかかる	20%
S	・標準化することは困難だ	10%

(3)「A」先のやり方をベースにして標準化を進める

　すでにお客様をある程度抱えている場合は、A先のお客様の業務のありようをベースにします。A先それぞれで行なわれている業務のやり方や手順を棚卸しし、その中で最も効率的・効果的な方法はどれかを明らかにしながら、その結果を事務所標準にしていくのです。

　そして、いったん事務所標準を明らかにしたところで、改めてA先に"新標準"を提案し、実践していきます。しかし、一度は「これがベスト」と思えた内容であったとしても、実際に取り組んでみるとなかなか思いどおりにはいかないものです。「やっぱり前のやり方のほうがよかった」ということもあります。でも大丈夫です。A先のお客様ですから、快く付き合ってくださることでしょう。

　A先から進める価値は、もう1つあります。それは職員の心の中に**標準化に向けた自信が生まれる**ことです。全体の30%を占めるお客様の標準化が実現できたことから生まれる「私たちならできる」という自信は、その後のチャレンジングな行動を生み出す源泉となります。そして、その自信に支えられて、B先、C先へと標準化を進めていくことができるようになるのです。

　仮にC先の標準化が困難であったとしても、B先まで改善が進めば、全体の70%のお客様が事務所標準になっていることになります。それだけで

も十分に価値ある成果です。

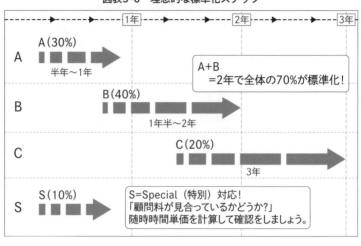

図表5-8　理想的な標準化ステップ

(4)自計化の推進と、中途半端な導入先への対応

お客様区分をする際に、もう1つ考えておきたい大事な視点があります。それは"自計先"に関するものです。本書では自計先を、

「証憑書類の整理、各種帳簿の作成、会計ソフトへの仕訳入力といった一切の会計処理業務を、お客様ご自身で行なえる先」

と定義づけます。税理士事務所にとって自計化の実現は、資料回収に関わるさまざまな煩わしい時間や手間がなくなるとともに、現物を預かる場合の紛失のリスクや保管・管理に関わるコスト、および発送の手間などといった「作業負担」の減少という大きな効果をもたらします。

しかしそれは、自計先としてのあるべき姿、すなわち「完全データ監査」が実現している場合に限ります。完全データ監査とは、

□お客様から送られてきたデータをチェックし、

□修正が必要な箇所を指摘し、

□先方にてデータ修正を行なっていただく

といった、税理士事務所側で会計データに一切ふれない状態を指します。

　人が入力したものをチェックしながら修正するよりも、自ら入力したほうが早いものです。完全データ監査が実現できなければ、修正箇所が多ければ多いほど、こちらの手間は増えていくことになります。結果として、お客様に苦手なことをやってもらっているにもかかわらず、事務所の手間は減らないどころか増えてしまうのであれば、それこそ本末転倒です。

　もちろん適切な指導によって完全データ監査が実現できればよいのですが、このまま指導を繰り返しても、現状では実現が困難であると判断した場合は、いったん記帳代行に移行していただき、所内にて標準化を進めたうえで、改めて自計化の提案ができるときを待つことも必要です。

(5) 機能分解して考える

　5つ目の視点は、業務を進めるうえで機能を分解して考え、それぞれに対して標準化を考えることです。

　多くの税理士事務所では、1人の担当者が1件のお客様のすべての業務を行なう、いわゆる「1クライアント1担当制」をとっていることが多いと思います。

　この体制は、

□お客様のすべての情報が一極集中で担当者に集まってくる

□他のメンバーとの調整がいらない

□担当者の都合に合わせた業務予定および遂行ができる

など、担当者にとってきわめて効率的な業務が実現できる制度といえるでしょう。また、お客様にとっても、担当者に伝えさえすればワンストップで対応してもらえますから気軽さや安心感が得られやすいといえます。その点において、1クライアント1担当制は優れた制度であるといえます。

しかし、そのために非効率になってしまっていることがあります。たとえば「会計業務」には、おおむね次のような"機能"があります。

図表5-9　会計業務の機能分解

```
                    ┌──────────────┐
                    │ チェック・検算 │
                    └──────────────┘
                     ▲      ▲     ▲
┌────┐  ┌────┐  ┌────┐  ┌────┐  ┌────┐  ┌────┐
│初期│→│資料│→│試算│→│決算│→│申告│→│訪問│
│指導│  │回収│  │表作│  │書作│  │書作│  │・説│
│    │  │    │  │成  │  │成  │  │成  │  │明  │
└────┘  └────┘  └────┘  └────┘  └────┘  └────┘
```

この一連の機能を、すべて1人の担当者が担っているために、それぞれの機能に必要な特性が十分に満たされていない可能性があるのです。

たとえば「初期指導」においては、お客様に事務所標準を徹底して受け入れていただくための厳しさと丁寧さが必要です。「資料回収」においては、「欲しいときに、欲しい資料を、欲しいタイミングで」回収できるようお客様に働きかける細やかさがいるでしょう。また各種帳票の作成においては、納期を意識し、できるだけ短時間で、求められる品質を実現する処理能力の高さが求められます。「チェック・検算」を担当する人には、事務所品質100点を実現するための厳しい目と指摘する勇気がいるでしょう。そして「訪問」担当者には、お客様に満足をもたらす高いコミュニケーション能力とお客様を正しく導く指導力が要求されます。

もちろん、すべての機能を高いレベルで実現できる人材に育ってもらいたいと願う気持ちは大切ですが、実際にこれだけの能力を1人の人間が高いレベルで実現するのは、きわめて困難なことです。

そこで、異なる能力をもった人たちが、それぞれの得意分野を請け負い、助け合いながらお客様の喜びと満足を提供していく体制を検討することも価値あることだと思います。

　次の**図表5-10**をご覧ください。

図表5-10　機能分担図

統括管理			
初期指導	業務管理	品質管理	訪問・説明
	作業		
	月次業務	決算・申告業務	

　この図は、会計業務の機能をどのように分担するかを明らかにするものです。最上段の統括管理は、もちろんあなた自身が行なっていくことになります。それぞれの役割は次ページ**図表5-11**のようになります。

　標準化を進めるにあたっては、このような機能分解を行ない、それぞれに必要とされる役割や能力を明確にしたうえで、その機能に適性のある人材が与えられた役割を果たしていくことが、最も好ましい状態であるといえます。もちろん、複数の機能を1人で担わざるを得ない場合もあるでしょうが、限られた人材の中で最適な組み合わせを模索して、よりいっそう効果的・効率的な事務所運営を実現していく必要があります。

　また、採用自体が難しくなってきている現状において、採用できた人材の特性・適性によってその役割を変えるという考えは、いまの時代にマッチしたものといえるでしょう。

図表5-11　機能分担とその役割

機能担当者	役　　　割
初期指導担当者	□新規契約先の初期指導を実施する □お客様を正しく事務所標準に導くことが役割 □この精度が、その後の効果的・効率的な業務の実現を左右する
業務管理者	□次の3つの観点から業務管理を行なう 　□納期管理：業務ごと、お客様ごとに設定された納期を守る 　□品質管理：事務所で設定された業務品質を守る 　□工数管理：お客様ごとに設定された目標工数を達成する
品質管理者	□事務所の税務品質を担保する
作業者	□それぞれの業務の作業を担う
訪問担当者	□お客様とお会いし、各種帳票の説明や相談対応を行なうことで、次の役割を担う 　□会計処理上の不明点・懸念点などに対して現認目視し、または事由聴取をすることで、税務判断の根拠を明確にする 　□数値から見たお客様の経営状況を解説し、また悩みや相談事項に対応することによって、お客様の満足を獲得・向上させる 　□紹介の獲得や追加サービスの提案・受注などの活動を行ない、新たな付加価値を見出す

標準化のための帳票類

標準化の留意点を学んでいただいたところで、効果的・効率的な業務を実現するために必要な帳票類について解説していきます。その内容は、職員をいち早く戦力化するためにも重要なものとなります。

（1）業務手順書

「業務手順書」とは、業務ごとに、「誰が」「いつ」「何を」「何の目的で」「どのような手順で」行なうかを明確にすることで、業務の全体像を明らかにするための帳票です。その内容は、事務所にとって最も効果的・効率的な方法が集約されているもの、すなわち事務所標準を表わすものであり新規のお客様の初期指導のベースになるとともに、既存のお客様の経理改善のゴールを示すものとなるのです。

具体的な説明に入る前に、文章ならびに事例に登場する「業務」「工程」「作業」という言葉の定義をしておきたいと思います。

□業務：月次業務・決算業務など、同一の目的・ゴールを達成するために行なう仕事のまとまり・括り
□工程：業務を完遂するまでの手順・段階・ステップであり、同一実施者が同一タイミングで行なう作業のまとまり・括り
□作業：工程内において手足や知能などを使って行なう単一の動作・操作・行為

三者の位置づけのイメージは、次ページ**図表5-12**のようになります。

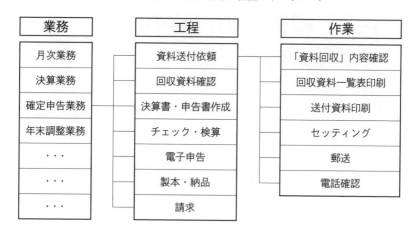

図表5-12　業務・工程・作業の位置づけのイメージ

業務	工程	作業
月次業務	資料送付依頼	「資料回収」内容確認
決算業務	回収資料確認	回収資料一覧表印刷
確定申告業務	決算書・申告書作成	送付資料印刷
年末調整業務	チェック・検算	セッティング
・・・	電子申告	郵送
・・・	製本・納品	電話確認
・・・	請求	

　この言葉の定義に基づき、それぞれの業務の具体的内容を表わす好ましい業務手順書は、次の要件を備えているものになります。

A．同じ人が、同じタイミングで行なう作業のまとまり（工程）が明確である

B．工程内の作業手順および内容は、最終的にはすべてのお客様に共通する事務所としての理想の状態が示されている

C．何が終わったらその工程が完了したといえるのかが明記されている

　以下、A～Cの内容をそれぞれ具体的に解説します。

　なお、解説で利用する事例（192～193ページ**図表5-13**）では、図表5-11で示した機能分担図の「業務管理者」「作業者」「訪問担当者」に区分した内容になっています。機能を分解した場合、どのような役割分担になるか、そのイメージをもちながら確認していただければと思います。

　また、当社が提供する会計事務所向けクラウドサービス「**MyKomon**」（https://info.mykomon.com）を利用することを前提としてつくられています。その点、ご了承ください。

A 工程が明確である

　工程とは、同一の実施者が同一のタイミングで行なう作業のまとまりで
すから、業務手順書の作成にあたってはまず、作業ごとの実施者を明確に
し、それぞれの作業に対する責任の所在を明らかにします。

　次に、それぞれの作業の実施タイミングを明らかにしていきます。事例
を通じてその内容と方法を検証してみましょう。

　まずは次ページ図表5-13の①の段落をご覧ください。この段落は1.〜
4.までの4つの作業によって構成され、その実施者はすべて業務管理者で
あることがわかります。要するに①は、業務管理者という1人の実施者が
同一のタイミングで行なう最初に登場する工程であることを表わしていま
す。

　それでは次に、具体的な作業内容について確認しましょう。まず、

①-1. 業務管理者は、「月次業務進行チェック表」を完成させてプリントア
ウトする。

とあります。

　「月次業務進行チェック表」は後ほどご紹介しますが、対象となるお客
様の対象となる月の月次業務を開始するにあたり、その全容を明らかにす
る帳票になります。要するにこの工程は、月次業務チェック表の準備をす
ることによって、これから始まる業務の全体像を明らかにしようとしてい
ることがわかります。

　そして次に、

2. 顧客管理画面で会社情報・電子会議室・業務報告書を確認（MyKomon
チェック）する。

とあります。これは次の、

図表5-13　業務手順書（例）

業務手順書

①-1. 業務管理者は、「月次業務進行チェック表」を完成させてプリントアウトする。
　2. 顧客管理画面で会社情報・電子会議室・業務報告書を確認（**MyKomon**チェック）する。
　3. 当月の月次処理上の特記事項を「作業指示書＆確認書」に追記し、プリントアウトする。
　4. 作成が完了したら、「進捗管理表」の対象月の「準備」欄を"完了"にしたうえで、「月次業務進行チェック表」No.1欄に記入・押印する。

②-1. 業務管理者は、関与先から「ご提出資料一覧表」（※1）と各種帳票の画像データが電子会議室に添付されたら、プリントアウトする。
　2. ※1に記載されている資料がすべて含まれているかをチェックする。
　3. 不足があれば、その旨電子会議室に不足する資料の内容を書き込む。
　4. 完了したら、進捗管理表の対象月の「資料確認」欄を"完了"にしたうえで、「月次業務進行チェック表」No.2欄を記入・押印、作業者に渡す。

③-1. 作業者は**MyKomon**チェックを行なった後、「作業指示書＆確認書」および「ご提出資料一覧表」を消し込みしつつ、該当する画像データに基づき入力する。
　2. 決算内訳書システムを利用し、仕訳漏れや異常値がないか確認する。
　3. 不明点や確認すべき事項があれば、電子会議室にその内容を書き込む。
　4. 完了したら、進捗管理表の対象月の「入力」欄を"完了"にしたうえで、「月次業務進行チェック表」No.3欄を記入・押印し、業務管理者に渡す。

④-1. 業務管理者は、関与先より不明点に対する返答ならびに不足資料が届いたら、その内容を確認のうえ、入力・修正を行なう。
　2. 作業者ならびに訪問担当者に伝えるべき特記事項や次月繰越情報があれば、電子会議室に「伝達事項」としてその内容を書き込む。
　3. 顧客情報に関わる追記・変更事項があれば、顧客管理画面内の「会社情報」・「作業指示書＆確認書」を編集・保存する。
　4. 完了したら、進捗管理表の対象月の「入力確認」欄を"完了"にしたうえで、「月次業務進行チェック表」No.4欄を記入・押印し、作業者に渡す。

⑤-1. 作業者は、月次試算表・2期比較表・ニュースレターを共有フォルダに添付・保存する。
　2. 回収・作成した関連資料をまとめ、決算ファイルに保存する。
　3. 完了したら、進捗管理表の対象月の「収納」欄を"完了"にしたうえで、「月次業務進行チェック表」No.5欄を記入・押印し、訪問者に渡す。

⑥-1. 訪問担当者は、訪問前に「共有フォルダ」に保存された月次資料、ならびに「電子会議室」「業務報告書（前月分）」の内容を確認する。
　2. ToDoリストを確認し、訪問前にやっておくべきことに漏れがないかを確認する。
　3. 面談終了後、「業務報告書（2枚複写）」を記載し、サインをいただいたうえで、2枚目をお客様にお渡しする。

4. 帰社後、「業務報告書（2枚複写）」の1枚目を決算ファイルに保存するとともに、「業務報告書（グループウェア）」を3営業日以内に登録する。
5. 次回訪問予定のスケジュール登録をするとともに、次回訪問時までに準備・実施すべきことを、予定日を選定してToDo登録する。
6. 完了したら、進捗管理表の対象月の「訪問」欄を"完了"にしたうえで、「月次業務進行チェック表」No.6欄を記入・押印し、業務管理者に渡す。

⑦-1. 業務管理者は、「月次業務進行チェック表」がすべて記入・押印されていることを確認する。
2. 「進捗管理表」のすべての業務ステップが完了していることを確認する。
3. 工数実績を集計するとともに、時間単価を算出する。
4. 改善事項があれば、電子会議室にその内容を書き込む。
5. 完了したら、進捗管理表の対象月の「最終確認」欄を"完了"にしたうえで、「月次業務進行チェック表」No.7欄を記載・押印し、決算ファイルに収納する。

3. 当月の月次処理上の特記事項を「作業指示書&確認書」に追記し、プリントアウトする。

ための準備作業であり、3.の特記事項を明らかにするために、**MyKomon** 内に記載されている情報をチェックするように求めています。この2つの作業によって、実施者である業務管理者は、作業者に的確な指示を与えることができるようになります。

　要するにこの①の工程は、月次業務を滞りなく行なうための業務管理者による"準備"の工程といえます。「段取り八分」といいますから、とても大切な工程といえるでしょう。

　一方で、②の工程の実施者も業務管理者になっています。しかし、

②-1. 業務管理者は、関与先から「ご提出資料一覧表」と各種帳票の画像データが電子会議室に添付されたら、プリントアウトする。

とありますから、②はお客様から資料が届いた後に行なう工程であることがわかります。すなわち①と②の間には明らかに時間的な間隔があります

から、同時に行なうことはできません。よって、たとえ実施者が同一人物であったとしても、工程は分ける必要があるのです。

このように「同一実施者・同一タイミング」を視点として、まとまりのある作業群を1つの工程として認識することが必要です。またこれによって、**実施者の責任範囲を明確にする**ことができるのです。

B すべてのお客様に共通する理想の状態が示されている

この業務手順書は、お客様ごとに作成するものではなく、事務所として最も効果的・効率的な業務のありようを明らかにする事務所標準でなければいけません。よって、1つの工程において複数の作業方法が認められることはありません。②-1.によれば、この事務所における資料回収は、**MyKomon**の「電子会議室」というものを利用するやり方に限定していることを示しています。このように、事務所として最も効果的・効率的な方法が示されているはずの業務手順書では、工程内の作業方法は1つしか認められないのです。

しかし実際には、1つに集約することはなかなか難しいものです。もちろん「何でもOK！」ではいけませんが、少なくともその方法を限定したうえで、複数の方法を並列的に列挙せずに、次のように優先順位をつけることによって、事務所標準を明確にすることをおすすめします。

- ・資料回収方法は、セキュリティー面および作業性の観点から、電子会議室によるものとする。
- ・ただし、電子会議室利用が困難なお客様については、ご持参いただくか、宅配便をご利用いただく。
- ・紛失のリスクや返送の手間を排除するため、原本の預かりは認めない（写しをいただく）。
- ・セキュリティー面および作業性の観点から、メールやＦＡＸの利用は禁止とする。
- ・資料回収のみの訪問も禁止する。

もちろん、実際には訪問しなければ円滑に資料回収ができない先や、写しを用意することに抵抗を示される場合もあるでしょう。そのようなお客様はＳ先か、そうでなければ「例外中の例外」との認識が必要です。Ｓ先は採算さえあっていればそのまま受け入れるほかありませんが、それ以外のお客様については、「いまはダメでも、いずれ事務所標準に合わせていただく」と心に決め、どうしたら受け入れていただけるかを考え続けることが大切です。その意識と思考から智恵が出て、工夫が生まれるのです。

　そのような状況をつくり出すことが、業務手順書の最も大事な効用なのです。

C. 何が終わったらその工程が完了したといえるのか明記されている

　換言すれば、工程の終わりの姿とその構成を明確にするということです。事例における①の工程では、

1.「月次業務進行チェック表」を完成させてプリントアウト
2. MyKomonチェック
3. 特記事項を「作業指示書＆確認書」に追記し、プリントアウト
4.「進捗管理表」の対象月の「準備」欄を“完了”にしたうえで、「月次業務進捗チェック表」No.1欄に記入・押印

をしてはじめてこの工程が完了することになります。逆にいえば、この４つのゴールを実現していなければ、この工程は完了していないということを示しています。このように、「業務の終わりの姿とその構成」を明確にすることは、標準化においてとても重要な視点となります。

　それでは、業務手順書の具体的な作成の仕方をご紹介しましょう。開業前、または開業間もない方は、前職の事務所でのお客様を思い起こし、その中でも「こんなお客様ばかりだったらいいのに」と思えるお客様を頭に浮かべてみてください。すなわち、Ａ先のお客様の中でも、特に効率のよ

い仕事の仕方が実現できていた先にスポットライトを当てるのです。事務所として最も効果的・効率的な業務標準を明確にしようとする際の一番の近道は、そのようなお客様からのアプローチです。

　具体的には、そのようなお客様の業務開始前から完了後までの流れを、先のA〜Cの3つのポイントを意識しながら整理していきます。1件のお客様だけでは事務所標準といえるものはできないでしょうから、数件、少なくとも3件くらいは検討することをおすすめします。

　そのうえで、共通する部分とそうでない部分を明らかにし、そうでない部分については、どの方法が最も効果的・効率的かを検討し、また共通する部分についても、もっと効率的なやり方はないかを考えながら、最良・最強の業務手順書を作成していってください。

　別のアプローチ方法として、まず大枠を固めておいてから検討していく方法もよいでしょう。たとえば図表5-13の事例の①〜⑦までの工程を整理すると、次のようになります。

図表5-14　工程概要（例）

No	実施者	工程名	業務内容
①	業務管理者	準備	月次業務をはじめるにあたっての準備業務
②	業務管理者	資料確認	入力資料の確認業務
③	作業者	入力	会計データ入力業務
④	業務管理者	入力確認	入力されたデータの確認業務
⑤	作業者	収納	各種資料のまとめ、収納業務
⑥	訪問担当者	定期訪問	月次経営相談を目的とした訪問
⑦	業務管理者	最終確認	月次業務が完了したことの確認業務

　このように、まずはそれぞれの業務について、その工程の大枠を先に決めておいてから検討するのです。ご自身のやりやすい方法で行なっていただければと思います。

（2）業務進行チェック表

　業務手順書が明確になったら、次に「業務進行チェック表」を作成しましょう。業務進行チェック表とは、

　　□それぞれの工程の実施者が
　　□工数と納期を強く意識しながら、
　　□行なうべき作業を確実に行ない、
　　□あるべき姿・ゴールを実現・完了させ、
　　□工程間の良好な引継ぎを行なう

ことを目指し、お客様ごとの業務の**進行状況を客観的に把握する**ための帳票です。この表は、１クライアント１担当制の場合にはそれほど必要ありませんが、複数の人の手を渡って業務が進んでいく場合には、大きな効果を発揮します。

　具体的には、次の手順で作成していきます。

A　業務手順書の工程に合致させる

　次ページ**図表5-15**の業務進行チェック表の事例をご覧いただくと、左から「No.」「工程内容」「担当」と並んでいますが、業務手順書の内容を集約した図表5-14の「No.」「工程名」「実施者」の内容と合致していることがわかります。このように業務進行チェック表は、業務手順書に従って作成していきます。

B　「業務のゴール・終わりの姿」の完了状況が明確にできるようにする

　さらに図表5-15の４列目「業務内容および管理項目」も、業務手順書にしたがって明らかにしていきます。たとえば図表5-13の①の「工程」の内容を見ますと、

図表5-15　業務進行チェック表（例）

＿＿＿月分　月次業務進行チェック表（記帳代行先）

コード		関与先名					月決算	
システム		顧問料		円	所内		訪問	

No.	工程内容	担当	業務内容および管理項目	実施日	実施者	工数	
						目標	実績
1	準備	業務管理者	□**MyKomon**チェック 　□顧客情報　□電子会議室　□業務報告書 　□「月次業務進行チェック表」「作業指示書&確認書」作成				
2	資料確認	業務管理者	□「ご提出資料一覧表」と回収資料との突合 　※不足資料あり 　　→□電子会議室書き込み				
3	入力	作業者	□「ご提出資料一覧表」消込み □「作業指示書&確認書」チェック　　　　　　仕訳数 　※不明点・要確認事項あり 　　→□電子会議室書き込み				
4	入力確認	業務管理者	□不明点確認 □不明点修正 □不足資料の入力 　※顧客情報の追記・変更事項あり 　　→□顧客管理表修正				
5	収納	作業者	□月次資料共有フォルダ添付・保存 　□月次試算表　□2期比較表　□ニュースレター □資料ファイリング・収納				
6	訪問	訪問担当者	□訪問前事前確認 　□電子会議室　□共有フォルダ 　□業務報告書（前月分） □「業務報告書（2枚複写）」記載&サイン受領&お渡し □「業務報告書（2枚複写）」決算ファイルへ保存 □「業務報告書（GW）」登録（3営業日以内！） □次回訪問予定スケジュール登録 　※次回訪問時までに準備・実施すべきことあり 　　→□ToDo登録	予定日 ／			
7	最終確認	業務管理者	□「月次業務進行チェック表」完了確認 □「進捗管理表」完了確認 □工数分析 　※改善事項あり 　　→□電子会議室書き込み（所内限り）	時間@		工数合計	

198

1. 「月次業務進行チェック表」を完成させてプリントアウトする。
2. 「**MyKomon**チェック」をする。
3. 「**作業指示書＆確認書**」を完成させてプリントアウトする。

の３つの作業を完了させてはじめて、この工程が完了することがわかります。これを業務進捗チェック表にまとめると、図表5-15の１のように、

□**MyKomon**チェック
　　□顧客情報　　□電子会議室　　□業務報告書
　□「月次業務進行チェック表」「作業指示書＆確認書」作成

となります。要するに、**何が終わったら、この工程が終わったといえるのかを明らかにする**のです。

　運用においては、それぞれの作業が終わり次第、□にチェックを入れていきます。そしてすべての□が☑になったらその工程が完了したことを意味します。この、業務の進行状況を明らかにすることができる状態にすることが大切なのです。

　このチェック項目を表現するときに大切なのは、業務の終わりの姿が明確であることです。たとえば「残高が合っているか確認する」という表現の場合、確認することがゴールとなりますから、「残高が間違っていてもＯＫ」という誤解が生じかねません。これではあるべき姿が明確になっているとはいえないのです。そこで、このような場合は「残高が合っている」といった表現にすることで、「残高が合っていなければ、次の工程に進んではいけない」ことを明らかにしなければなりません。

　業務進行チェック表は、前工程の作業実施者による後工程への「工程品質保証書」的な役割を担っているものです。ゆえに、残高が間違っているのに次の工程に回すことなどあり得ない話です。「あるべき状態でバトンを渡す」、この認識は、この業務進行チェック表の最大のポイントといっても過言ではありません。

C　目標工数と期限を明確にする

　最後に、目標工数と期限を明確にします。

　アメリカの臨床心理学者フレデリック・ハーズバーグによれば、人に"やる気"をもたらす要因の第1位は「達成」です。「何時間でやる」「いつまでにやる」という明確な目標をもち、それを達成することで得られる満足感や充実感といったものは、何よりも職員にやる気をもたらすものです。

　また第2位は「承認」であり、人から認められることです。目標を達成した人を目の前にすれば、自ずと「よくやったね」「よかったね」「頑張ったね」という言葉が伴うものです。そのような他者からの称賛・賛美・ねぎらいの言葉もまた、職員をやる気にさせる要因となるのです。

　さらに人は、この達成と承認によって、さらなる成長意欲が醸成されるものです。どの業務・工程においても、常に目標工数と期限を明確にされることをおすすめします。

(3)作業指示書

　業務進行チェック表が完成したら、工程ごとの「作業指示書」を作成していきます。作業指示書は、業務進行チェック表とほぼ同様に、それぞれの工程において、

　□その工程の実施者が
　□工数を強く意識しながら、
　□行なうべき作業を確実に行ない、
　□決められた納期内に
　□あるべき姿・ゴールを実現・完了させる

ことが目的です。
　具体的な作成の仕方とそのポイントは、以下のとおりです。

A　項目の並びが作業順序を表わすようにする

　次ページ**図表5-16**をご覧ください。これは記帳代行の入力工程に関わる作業指示書の事例です。

　この事例では、「通帳コピー」から「借入返済予定表」まで8種類の資料が列挙されていますが、この並びは入力順序を表わしています。

　作業の順序を明らかにする目的は2つあります。1つは**工程の品質を担保すること**です。誤った順序で作業を進めることにより、誤った結果を招くことがあります。これを排除することが第一の目的です。

　第二に、**工程内における作業の引継ぎをしやすくすること**です。特に、短時間勤務で出勤不定期のパートさんに活躍していただくことを考えた場合には、必須のアイテムです。採用難の昨今においては、そのようなパートさんの戦力化は欠かせません。

　しかし短時間パートさんですから、入力業務を依頼した場合、1件のお客様の入力業務が完了しないまま帰らざるを得ない場合もあるでしょう。また出勤不定期ですから、いつその続きが入力できるかは不明です。それでは業務が滞ってしまうことになります。

　そんな場合でも入力順序が明らかになっていれば、作業の引継ぎがスムーズに行なえます。たとえば、あるパートさんが図表5-16の「入力資料」欄の「減価償却費」まで入力を完了させたところで、退社時間がやってきたとします。さらに、次の出勤日は3日後で、訪問予定日に間に合いません。しかし、作業指示書があれば、次の「買掛帳・支払手形一覧表」から他の人に引き継ぐことができます。さらに「作業指示内容」のチェック欄もすべて☑になっていれば、引き継ぐ人も安心して担当することができるのです。

　さて、この入力工程の作業指示書も、本来は事務所標準として統一されたものにすることが理想です。しかし現実にはお客様によって入力資料がまちまちですから、すべてを統一することは困難です。

　そこで、すべてのお客様を想定して考えられるすべての入力資料を洗い

図表5-16　作業指示書（例）

作業指示書（法人用）

コード		関与先名		名南株式会社			月決算
システム		顧問料		円	所内	訪問	

※不明科目は「1159その他流動資産」で入力する。
※作業が完了したら、作業指示内容ごとの□にチェックを入れる。

入力資料	工数	作業指示内容（標準）	個別事項
□ 通帳コピー		□ 入力後、会計ソフトと通帳コピーの当月残高が一致しているかを確認する □ 前月末時点で違っている場合は、前月末と当月末の差額金額が、通帳と一致しているかを確認する □ 差額がある場合は、入力を見直す	□110-1:普通預金　○○銀行 □110-2:普通預金　△△銀行 □110-3:当座預金　□□信金 □110-1:当座預金　○○銀行 □110-2:当座預金　□□信金
□ 現金出納帳		□ 入力前に、前月末残高が会計ソフトと一致しているか確認する □ 入力後、当月末残高が一致しているか確認する	
□ 売掛金 ・受取手形一覧表		□ 下記の要領で入力する 　□ 売掛金 　　□ 当月売掛金　131:売掛金/810:売上 　□ 受取手形 　　□ 末日付けで売掛金から受取手形へ振替 　　　130:受取手形/131:売掛金 □ 入力後、Excelの売掛金一覧表・受取手形一覧表の合計額と会計データの当月残が一致しているか確認する	
□ 減価償却費		□ 単価を入力する	
□ 買掛帳 ・支払手形一覧表		□ 下記の要領で入力する 　□ 買掛金 　　□ 請求書の締め日を「日付」に入力する 　　□ 入力後、請求書当月買上高と、会計データの「貸方発生」額が一致しているか確認する 　□ 支払手形 　　□ 末日付けで買掛金から支払手形へ振替 　　　201:買掛金/200:支払手形 □ 入力後、Excelの買掛金一覧表・支払手形一覧表の合計額と会計データの当月残が一致しているかを確認する	
□ クレジットカード		□ 明細書に記載された勘定科目で入力する	
□ 給与台帳		□ 下記の要領で入力する 　□ 所得税・住民税 　　501:従業員給与/208:預り金 　□ 厚生年金・雇用保険 　　501:従業員給与/504:法定福利費 　□ 健康保険 　　501:従業員給与/504:法定福利費 　□ 非課税交通費 　　530:旅費交通費/501:従業員給与 　□ 役員報酬 　　500:役員報酬/501:従業員給与 □ 差引支給額が、預金から支払われた金額と一致しているかを確認する □ 従業員給与累計と、会計データの「当月残高」が一致しているか確認する 　※賞与は仕訳が漏れやすいので注意が必要	
□ 借入返済予定表		□ 利息を振り替える 　610:支払利息/220:長期借入金	

【当月追加事項】

202

出し、その入力順序を整理し、並び替えることによって、まず事務所標準を確立します。そのうえで、その事務所標準の作業指示書から**お客様ごとに不要な入力資料を外す**ことでお客様ごとの作業指示書を作成することをおすすめします。これによって、ある程度の統一感ができますから、お客様ごとのまったく異なる方法を一から覚えるといった弊害から逃れることができます。他の工程でも、同様に考えていただくとよいでしょう。

B 「作業指示内容」は、極力事務所標準にしていく

　次に、1つひとつの作業について、その作業のゴール・終わりの姿を明確にして、「作業指示内容」欄に記載します。その内容は、たとえば図表5-16における「通帳コピー」の、

□入力後、会計ソフトと通帳コピーの当月残高が一致しているかを確認する

□前月末時点で間違っている場合は、前月末と当月末の差額金額が、通帳と一致しているかを確認する

□差額がある場合は、入力を見直す

が、それに該当します。

　この作業指示内容欄は、作業ごとに「何が終わったら、この作業が終わったといえるのか？」を明らかにしています。

　また、「あるべき状態でバトンを渡す」という観点から、「残高を確認する」ではなく、「残高が合っている」という表現にすることが肝要です。

　さて、この作業指示内容も、作業ごとに極力事務所標準にしていくことをおすすめします。ただし、お客様ごとに異なる作業を要する場合は必ずあります。そこで事例のように、作業指示内容欄はすべてのお客様共通の事務所標準として、お客様固有の作業方法や作業内容がある場合は、右端の「個別事項」欄のように、別途表記をするようにしていただくとよいでしょう。ただしその内容は、いずれ事務所標準にしていくものであるとい

う認識が必要です。

C 「目標工数」を明確にし、予実対比を実施する

次に、目標工数を明確にします。具体的な内容については、「⑵業務進行チェック表」と同じですので、200ページの「C 目標工数と期限を明確にする」の内容を参考にしてください。

D 事前事後に「当月追加事項」を記載する

最後に、その月にのみ対応する必要がある内容について、「当月追加事項」を記載します。毎月同じ作業の繰り返しであったとしても、イレギュラーな対応や現象はあるものです。

具体的には、作業指示者が事前に知り得た作業実施者に伝えるべき事項や、作業実施者が作業中に気づいたこと、疑問に感じた内容などを記載します。要するにこの欄は、作業指示者と作業実施者をつなぐ交換日記のようなものと考えていただくとよいでしょう。

この作業指示書のすべてのチェック項目が☑となったら、行なうべき作業がきちんと行なわれ、作業のゴール・終わりの姿が正しく実現された証となります。また、工数欄を記載することで、目標工数が実現できたかどうかを確認することもでき、未達の場合にどうすれば目標を実現できるかを検討する機会にもなります。さらには「当月追加事項」に書かれている内容を、作業の仕方そのものを改善するきっかけにすることもできます。

このように作業指示書は、作業指示者・作業実施者双方に、安心と信頼を生み出すものといえます。

(4)ご提出資料一覧表

標準化資料の最後に、「ご提出資料一覧表」の説明をします。ご提出資料一覧表とはその名のとおり、業務を行なう際、お客様に事前にご提出い

ただきたい資料一式を具体的に示すものです。一覧表に示したとおりに、「必要な資料を」「あるべき状態で」「いただきたいタイミングで」準備し、用意していただければ、その業務は間違いなく効果的・効率的に遂行することができるでしょう。しかし、そうでなければ、その時点で業務の生産性が著しく阻害されることになってしまいます。まさにこのご提出資料一覧表は、税理士事務所業務の効率をもっとも左右するものであるといえます。

では、具体的な作成のポイントを次ページ**図表5-17**を参考にご説明します。

A お客様ごとに作成する

ご提出いただく資料はお客様によって異なりますから、この一覧表はお客様ごとに作成します。ただし、資料の並びの順番は、入力工程の作業手順書の並びと揃えておくことで、できる限り統一しておくとよいでしょう。

なお、月次業務の一覧表は、特定月のみに必要となる資料もありますから、月ごとに作成されることをおすすめします。

B ご提出いただきたい資料は、具体的に示す

たとえば確定申告における生命保険の控除証明書であれば、単に「生命保険の控除証明書」と記載するだけではなく、保険会社名などを具体的に記載し、その帳票ごとにチェック・確認ができるようにします。

また、年に1度しか資料を目にすることのない季節業務や決算業務に関わる資料については、資料名を見ただけではイメージできない方もいらっしゃいます。その可能性が想定されるようであれば、前年に回収した資料の写しを添付するなど、確実に回収できるようにしておきましょう。

C 通常にはない取引の事実を把握できるよう工夫する

ときに、これまでにない取引が発生し、ご提出をいただかなければならない資料が増えている場合があります。そのうえ、その取引に伴う資料が

図表5-17　ご提出資料一覧表（確定申告用）

□□□□□□□□　様

ご提出資料一覧表

いつもお世話になります。＿＿＿＿＿＿様の確定申告には、下記の資料が必要となります。
無駄な税負担がないよう、もれなくご準備・ご送付ください。

恐れ入りますが、年内に揃っている資料は**1月10日(水)**までに、それ以外の資料は
1月31日(水)までにご送付くださいますよう、よろしくお願いいたします。

資料の早期回収にご協力のほどお願いいたします。

ご提出いただきたい資料	枚数	当所チェック欄
□生命保険の控除証明書	枚	
□・・・生命株式会社	枚	
□・・・・・・生命株式会社	枚	
□・・生命相互会社	枚	
□損害保険の控除証明書	枚	
□・・・損保	枚	
□・・火災海上	枚	
□地震保険の控除証明書	枚	
□小規模企業共済掛金の払込証明書	枚	
□国民年金保険料の控除証明書	枚	
□国民健康保険の通知書または領収書の写し	枚	
□生命保険満期金の受取計算書	枚	
□寄附金の領収書(ふるさと納税を含みます)	枚	
□給与・年金の源泉徴収票	枚	
□株式会社　・・・・・・	枚	
□・・・・協同組合	枚	
□配当の支払調書	枚	
□・・・・・　株式会社	枚	
□株式会社　・・・・・・	枚	
□医療費の領収書	枚	
□先物取引に関する書類(取引報告書など)	枚	
	枚	

※お客様の状況につきましては、極力把握するように努めておりますが、もし次のような取引があ
　りましたら、担当者までお知らせください。

　□不動産を譲渡した　　□株式を譲渡した　　□住宅を取得した

　□相続・贈与を受けた　□その他、昨年になかった取引を行なった(新たに契約した)

　　　　　　　　　　　(その内容：　　　　　　　　　　　　　　　　　　　)

※不明な点は、ご遠慮なく担当者もしくは事務所までご連絡ください。

税務上必要なものであったとしても、お客様が気づかれない場合もあるでしょう。

　そこで、通常にはない取引があった場合に、その事実を確実に把握することができるように、図表5-17のあとがき（※部分）のような工夫をする必要があります。

D　資料提出期限を明示する

　最後に、ご提出資料一覧表の目的は「必要な資料を」「あるべき状態で」「いただきたいタイミングで」提出いただくことですから、期限を明示することも重要なポイントです。

　もちろん、ご協力いただけないお客様もいるかもしれませんが、期限を明示することにより、意識していただけるようになることは間違いありません。ときに、「期限を明示すると、こちらの都合を押し付けられたと気分を害されるのではないか」といった不安の声も耳にしますが、それはほんの一部の方のようです。実際に、「えっ、そうだったの。早く言ってくれればよかったのに」と期限をお伝えしただけで資料の回収が早まったという事例は、枚挙に暇がありません。また、「期限を示されるほうがありがたい」という声も間違いなくあります。

　さらに、期限を示すことで、催促のご連絡を入れることへの抵抗感も薄れるものです。お互いのために、少しの勇気をもって提出期限を明示していただければと思います。

6 簡素化の検討の
ポイント

　さて、いったん標準的な業務のありようが明らかになりましたら、次に、それらの標準業務をいかに簡素化させるかを検討してみてください。その視点はおおむね次のようなものです。

(1)アウトソーシングの活用

　事務所内で行なっている業務・工程を、他者に任せてしまおうという発想です。たとえば、入力工程のアウトソーシングです。入力工程は、記帳代行を引き受けている税理士事務所においては、最も多くの工数を要しているといえるでしょう。この工程をアウトソーシングすることによって、事務所としての「本質的な社会貢献」に注力することができます。

　入力工程に限らず、すべての所内業務についてアウトソーシング化できないか、検討してみてください。

(2)クラウドの導入

　時代は「自計化から自動化へ」といわれています。クラウド会計やクラウド給与などを活用することによって、お客様にとっても事務所にとっても効果的・効率的な業務を実現できるようにすることは、大変有意義なことでしょう。

　ただし、お客様にクラウド活用をしていただくにあたっては、何よりも「初期指導」が重要です。これを放置し、お客様任せにすると、「ゴミ溜め」のようなデータになってしまう恐れがあります。導入時の指導を徹底してください。

また、「１年分の領収書やレシートがゴチャゴチャになって送られてくる」ようなお客様に、いきなりクラウド会計といっても無理な話です。

そこで、たとえば、

〈レベル１〉 １年分の領収書・レシートがまとめて送られてくる

〈レベル２〉 月ごとに区分されて送られてくる

〈レベル３〉 月ごと、支払方法ごとに区分されて送られてくる

〈レベル４〉 月ごと、支払方法ごと、購入物品ごとに区分されて送られてくる。

〈レベル５〉 エクセルに入力され、データで送られてくる

〈レベル６〉 クラウド会計で自ら作成されている

などのようなステップを明らかにし、１つひとつ階段を上がってきてもらえるように指導していくことが必要になります。

(3) RPA（Robotic Process Automation）の活用

ＲＰＡとは、「人工知能を備えたソフトウェアのロボット技術により、定型的な事務作業を自動化・効率化すること。特に、ホワイトカラーの業務を補完・代行する仕組み」（『大辞泉』小学館）です。実際に、多くの税理士事務所で研究が進み、導入されています。

要するに、作業指示書に記載されている、人が手を動かして行なっている作業のうち、ＲＰＡに移管することができるものがないかを検討することです。

また、今後ますますその活用の範囲は広がっていくものと思われます。ぜひ情報収集を欠かさず、活用の模索をしていただければと思います。

(4)コミュニケーションツールの導入

　これまでの税理士業界においては、「訪問して面談する」ということが当然のように思われてきました。しかし、ＩＴ技術の進化により、訪問しなくても、それと同等のレベルでの面談が実現できるようになってきています。オンライン会議システムをはじめ、当社でも「共有フォルダ」として提供しているお客様とファイルをやりとりする、または共有できるシステム、「電子会議室」として提供しているお客様とのウェブ上の専用会議室などがそれにあたります。

　また、ただシステムができただけではなく、新型コロナウィルス対策の浸透から、お客様もオンラインでの面談や、その他のコミュニケーションツールの利用に対する抵抗感が薄れてきたようです。

　税理士事務所における最も成果を生まない時間は、移動時間といっても過言ではないでしょう。テレワークの検討も踏まえつつ、コミュニケーションツールを見直しすることは、効果的・効率的な事務所運営を考えるうえにおいて、非常に有効な視点だと思います。

(5)各種便利ツールの導入

　ＩＴ監査やキャッシュフローのシミュレーションツールなど、これまでは人の手を介さなければできなかったことが、さまざまなツールを利用することで実現できるようになっています。事務所の実情を踏まえ、活用できるものを徹底的に活用することにより、より標準化された業務が実現できるようになるでしょう。

7 業務の"見える化"は こうする

業務の標準化の集大成として進めたいのが、業務の"見える化"です。その中でも、特に次の視点が重要です。

(1)業務の進捗状況の見える化

事務所全体の状況、すなわち、

□事務所全体の業務が予定どおり進んでいるか？
□遅れが生じているお客様や担当者はいないか？
□担当者間の業務のバランスが取れているか？

などを俯瞰的につかむことを目的として、全体的な業務の進捗状況の見える化を図ることです。具体的には「進捗管理表」を作成することになります。進捗管理表の目的は、

□業務ごと、お客様ごと、担当者ごとの進捗状況を"見える化"し、
□遅れや漏れがないかを把握するとともに、
□職員間の負荷や業務バランスの調整を円滑に図ることができるようにする

ことにあります。事務所全体の業務進捗の最適化を図るものといえます。

進捗管理表をつくる際のポイントは、以下のとおりです。次ページ**図表5-18**に当社の進捗管理表を使った「決算業務」の事例を示しますので、内容を照らし合わせながら確認してみてください。

A　業務ごとに作成する

　月次業務、決算業務、確定申告業務、年末調整業務といった業務単位で
作成します。

図表5-18　進捗管理表（例）

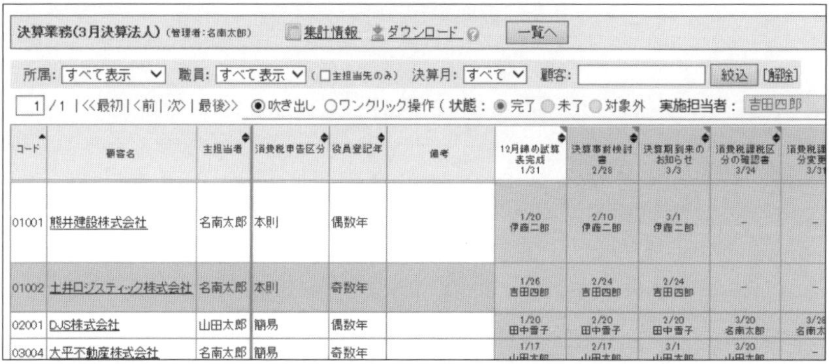

B　進捗管理項目を明確にする

　進捗管理表における管理項目は、基本的には業務進行チェック表の「工
程内容」になります。しかし実際には、完了したことを確認したい「完成
物」もあるでしょうから、その内容を追加することになります。

C　期限を明確にする

　進捗管理項目ごとに所内ルールの期限を明確にします。期限を明確にす
ることにより、より効果的・効率的な業務を実現することができます。

D　実施者と実施日を明確にする

　期限が決まれば、それぞれの期限に応じて「誰が」「いつ」やるのかを
明確にします。予定した人が予定した日にできない場合は、期限内におい
てその都度見直しをしていきます。何よりも常に実施者と実施日を明確に

することが大切です。そして常に「きょうやる仕事」を明確にして、1日をスタートさせましょう。達成感と充実感に満たされた日々を過ごすことができるようになります。

さて、このようにして作成された進捗管理表を定着させるためには、**業務が完了した時点で進捗管理表上に示す習慣をつける**ことが重要です。グループウェアでの進捗管理表においては、「完了ボタンを押す」という行為の習慣化です。当社では、気軽に楽しみながら「完了」ボタンを"ポチッ"と押す習慣をつけて欲しいという願いを込めて「ポチ運動」と名づけています。ぜひ習慣化を実現していただきたいと思います。そして、進捗管理表を見れば、全体的な業務の状況はだいたい把握できる状態を目指してください。

また進捗管理表は、職員1人ひとりが達成感を得ながら仕事をすることができる環境づくりにも役立つものです。その観点にも留意しながら作成してみてください。

(2)時間単価の見える化

次に、お客様ごと、業務ごとの時間単価の見える化をしましょう。時間単価とは、

□ どのお客様に、どれだけの人と時間が投入されているかに着目し、
□ お客様に提供している業務1つひとつの投入工数の妥当性を検証する

ための指標です。次ページ**図表5-19**をご覧ください。

毎月の報酬が100,000円の甲社と乙社、30,000円の丙社と丁社の4社があります。報酬だけをみれば、甲・乙社のほうが好ましく見えます。

しかしそれぞれのお客様に投入している時間を考えると、少し見え方が違ってきます。それぞれ主担当のAさんの月次業務に関わっている時間は

図表5-19　時間単価の考え方

	報酬	Aさん （主担当）	Bさん （上司）	Cさん （サポート）	合計	時間単価
甲社	100,000円	2時間	2時間	6時間	10時間	10,000円
乙社	100,000円	2時間	3時間	20時間	25時間	4,000円
丙社	30,000円	2時間	1時間	3時間	6時間	5,000円
丁社	30,000円	2時間	0時間	0時間	2時間	15,000円

2時間ですが、上司のBさんとサポートのCさんの力を借りていますので、それぞれのお客様に投入されている時間は大きく異なっています。その投入工数の妥当性を測るものが時間単価です。時間単価の観点からいえば、報酬の低い丁社がもっとも効率がよく、報酬の高い乙社がもっとも低い、という結果になります。

　ちなみに、私どもが提供している**MyKomon**では、スケジュールないしは日報を登録すれば、時間単価が自動計算されます（次ページ**図表5-20**参照）。

　お客様ごとの時間単価を算出することができるようになれば、次のような具体的な改善を進めていくことができるようになります。

① 高すぎはしないか?

　手間をかけずに高い報酬をいただくことは、効率だけを考えれば悪いことではないでしょう。しかしそれがもし手抜きの結果であるとすれば、大問題です。いずれその報酬そのものがなくなってしまう恐れさえあります。工数の登録漏れがないかを確認したうえで、

　□やるべきことは漏れなくできているか？
　□ご満足いただけているか？

などを確認する必要があります。

図表5-20　工数分析（例）

コード	顧客名	報酬	工数	時間あたり報酬	
03032	株式会社レイク24	1,960,000	153.00	12,745	
03018	株式会社上海食堂	1,800,000	89.25	20,168	
12005	医療法人益田会慕西整形外科	1,660,000	31.00	53,548	
03023	医療法人福島会大泊医院	1,495,000	148.50	10,067	
03026	医療法人宮島会萩原クリニック	1,475,000	104.00	14,183	
12006	医療法人辰巳会村山眼科クリニック	1,350,000	75.00	18,000	
07001	後藤株式会社	1,285,000	331.00	3,882	
04001	エリヤ株式会社	1,250,000	75.00	16,667	
03001	FYA株式会社	1,240,000	105.50	11,754	
07005	医療法人武蔵野会オオハシ医院	1,220,000	122.75	9,939	
03033	株式会社MyKomon商事	1,200,000	128.75	9,320	
04002	石岡板金株式会社	1,110,000	81.25	13,662	

② 低すぎはしないか?

　低すぎるお客様に対しては、まず付帯業務がないかを検証します。具体的には、

□本来、お客様にやっていただかなければならないことを、引き受けてしまってはいないか？

□お客様固有の業務内容が存在し、他のお客様には要しない工数がかかってしまっていないか？

□本来は報酬をいただかなければならない業務を、無償で提供してしまってはいないか？

などを検証し、業務そのものの見直しを図っていきます。そのうえで、付随業務の効率化を徹底して図っていきます。それでも改善できない場合は、顧問料そのものの見直しをお願いすることになります。

215

③ 改善効果が高い先はないか?

　事務所全体の時間単価の向上を図っていく場合、時間単価が低い先を改善していくことはもちろんですが、**報酬が高い、もしくは多くの工数を要している先から着手する**ことも重要です。そのようなお客様のほうがそれだけ改善の余地が多く、かつインパクトが大きいことから、即効性があるものです。そのような先については、

　　□報酬の対価として時間を使っていることに満足していないか？
　　□効率的・効果的なやり方を追求しているか？

の検証を行なっていただければと思います。

　さて、時間単価の改善にあたっては、まず時間単価の適正範囲を設定する必要があります。具体的には、"下限値"と"目標値"を設定します。
　これらの値に正解はありません。事務所の方針によって大きく異なるものです。効率重視を掲げる事務所においては、より高くしていくことが求められるでしょうし、「できるだけ安価にサービスを提供したい」と考える事務所においては、その値は少し低めに設定することになるでしょう。
　そこで、あなたのこれまでの経験を通じて、「最低、これくらいは欲しいなぁ」と思われる金額を下限値、すなわち「これ以下にはしない！」というラインに、「できればこれくらいは欲しいなぁ」と思われる金額を目標値、すなわち「目指せ！ 時間単価○円！」というラインで設定するとよいでしょう。
　ちなみに、実際に設定している事務所では、下限値を5,000円〜6,500円の間で設定していることが多いようです。また、目標値については、下限値の倍くらいを目安にするとよいでしょう。

(3) お客様情報の見える化

　さて、あなた1人ですべての業務を行なっているうちはよいのですが、職員さんが1人、2人と増えてきますと、お客様の状況が把握しにくくなってきます。さらに、お客様担当を任せていくようになれば、いっそう見えなくなってしまいます。

　よって、自分1人ですべての業務を行なっているうちから、お客様情報の見える化をし、「事務所として必要なお客様情報を」「必要なときに」「必要とする人が」「必要な場所でアクセスできる」ようにしておくことをおすすめします。

　お客様情報とは、次のようなものです。

□基本情報
□税務業務に関する情報
□業務報告書・業務処理簿
□お客様とのやりとりの履歴
□お客様に関するファイル

　もちろん、守秘義務が浸透・定着していることが前提となりますが、これらの情報が共有されていれば、効率的な業務が実現できるとともに、あなた自身が直接関与していなくても、「お客様のことはすべてわかっています」という状況にすることができるのです。

　特に、お客様対応を職員に任せていく場合は、「業務報告書」と「お客様とのやりとりの履歴」を残すことは欠かせません。これらの情報を残すことは、担当者の備忘録になるばかりではなく、

□後任への引継ぎが楽になる

□税務調査時の状況把握が楽になる

□お客様からの問い合わせに誰でも対応できるようになる

□状況が把握でき、安心感が高まる

などの効果があります。

　ただこれらの習慣は、事務所に入った時点であなたや他の職員が「当然のこと」として行なっていれば、「この事務所の職員として当たり前のこと」として受け止め、身につけていかれるでしょうが、途中で「これからやりましょう！」となっても、なかなか定着するものではありません。ぜひあなた１人で業務をされているうちから「当然のこと」としていただくことをおすすめします。

　なお、本章の内容につきましては、当社執筆の『業務を革新し付加価値をアップさせる　税理士事務所の勝ち残り戦略ワークブック』（日本実業出版社）により詳しく説明しております。よろしければ合わせてご参照ください。

第 **6** 章

職員を
パートナーに育てる

1 入れてはいけない人を 採らない方法

第3章で、「経営ビジョン」を明らかにする価値をお伝えしました。そして、その中でも特に重要な視点として「職員数」を挙げました。

もちろん、「自分1人で」という選択肢もあります。ただ、これまでにもお伝えしたとおり、人間は結局、身体をコントロールすることはできません。自分に何かトラブルがあり、その使命が果たせなくなったときにどうするのかを考えた場合、職員がいる状況はありがたくかつ安心できるものとなります。その点は十分考えておいていただかなければなりません。

どのみち職員を採用するのであれば、"パートナー"といえるほどの存在になってもらえることが望ましいことは、異論の余地はないと思います。人生のうちの多くの期間を、起きている時間のうちの多くの割合をともに過ごすことになるのです。少なくとも「一緒にいたくない」関係にだけはなりたくないものです。

では、どのようにしてパートナーといえるほどの人材を育てていくか、本章ではこの点について考えてみたいと思います。

まず大事なのは、「採用」です。その後の人材育成体制がどんなに優れたものであったとしても、どんなに魅力的な人事制度を構築しようとも、やはり"素材"がよくなければ、よい結果は生まれません。

ここでいう「素材がよい」とは、「どこに行っても役に立つ」ということではありません。仕事や制度は"土壌"、教育は"肥料"、そして人材は"種"です。どんなに優れた種であったとしても、土壌が合っていなければ花も咲かなければ実もなりません。それどころか芽を出すことさえできません。また、どんなにすばらしい肥料を与えても、それを成長の糧にできる種でなければ、意味がないのです。すなわち、ここでいう「素材がい

い」とは、事務所に合った人材ということであり、何より**事務所にマッチ
した人材を採用する**ことが大切ということなのです。

　さて、具体的な採用の方法を検討する前に、失敗しやすい採用に対する
考え方をご紹介します。採用に関して、次のような考えをおもちではあり
ませんか。

　　□足りなくなったら入れればいい
　　□採用とはよい人を入れる活動である
　　□性格さえよければ何とかなる
　　□経験者なら誰でもいい

　これらの内容は、よく耳にするものですが、残念ながらすべて間違って
います。それぞれについて考えていきましょう。

(1)採用は"１割増し"基準で、余力のあるうちに

　「足りなくなったら入れる」という補充採用型の採用は、「募集したらす
ぐ集まる」時代は何の問題もありませんでした。ところが時代は変わりま
した。採用環境が非常に厳しくなってきているのです。

　補充採用型の弊害として、１つ事例を示します。
　ここに、10人分の仕事を10人でやっている事務所があるとしましょう。
その事務所で退職者が出ました。結果として、10人分の仕事を９人でやら
なければならなくなってしまいました。すぐに募集をかけたのですが、な
かなか採用できません。最初のうちはみんな我慢していたのですが、なか
なか人が採れない現実に、「いつまでこの苦しい状況が続くのか」と徐々
に不満がたまりはじめます。そしてある日、もう１人の職員から辞表が出
ます。他の職員は「やられた！」と感じます。しかし、時すでに遅しで、

結局10人分の仕事を残された８人でこなさなければならなくなりました。

　さらに採用できない日々が続くなかで、「この状況はこのまま変わらないのではないか？」と疑心暗鬼が生じ、職員の間に「逃げるが勝ち！」といった感情が芽生え始めます。そして辞める勇気のない者がさらに疲労困憊していくことになってしまいます。さらに悪いことに、仕事はできる人に集まるものです。結果として、仕事ができる人ほど疲弊していってしまい、ついに事務所全体が機能不全に陥ってしまうのです。

　残念ながら、決して珍しい話ではありません。

　ではどうすればよいのでしょうか。おすすめは「１割増し基準」での採用です。たとえば10人分の仕事があるとすれば、その時点で11人体制にしておく、ということです。少人数の場合は、「１人多く」とお考えいただいてよいでしょう。必要に迫られた仕事はありませんから、未来を創る仕事をしてもらいましょう。そして、仕事が増えてきて目の前の仕事にかかる人手が足りなくなったら現場投入すればよいのです。そのような状況になったということは、仕事の量と人数が一致してしまったわけですから、その時点でもう１人追加の採用を実行に移します。11人分の仕事を11人でこなしながら待つのですから、先のような問題は起こりません。

　また、10人分の仕事を９人でこなしながらの採用は、どうしても質よりスピードが重視されてしまうものです。普通であれば採用しないような人も基準が甘くなって採ってしまいかねません。しかし、10人分の仕事を10人でやっている時期であれば、気持ち的にも余裕をもって活動をすることができ、事務所によりマッチした人材との出会いを待つことができるのです。

　ときに、「人を入れるお金がない」との声も聞きます。しかし、それでも１割増し基準をおすすめします。**採用は事務所経営最大の先行投資**です。借金してでも採用されることをおすすめします。入ってから稼いでもらえばいいのです。

少なくとも、自分が身動きが取れないようになってからの採用はもっての外です。そもそも採用活動に使える時間がなくなりますし、仮に採用できたとしても、考えを共有したり、指導したりする時間が取れません。とてもパートナーに育てることなどできないのです。開業時ほど、できるだけ早いタイミングで採用することを心がけてください。

（2）採用とは、入れてはいけない人を入れない活動

「いい人を入れたい」

　これは、採用する者にとって当然の欲求です。では"いい人"とは、どのような人を指しているのでしょうか。それはたとえば、「成果を上げられる人」といえるかもしれません。

　京セラの創業者・稲盛和夫氏は「成果＝能力×熱意×考え方」だと言っています。この方程式に従えば、成果を上げられる人とは、能力が高く、熱意があって、考え方がすばらしい人、とうことになります。たしかにそのような人材が採用できたら、言うことなしですね。しかし、現実はそんなに簡単なことではありません。では、どのような視点で採用を考えたらよいのでしょうか。

　外すことができないのは、「考え方」です。能力・熱意・考え方の３要素すべてにおいて優れた人を採用することは難しくとも、考え方だけは好ましくなければなりません。なぜならば、能力や熱意は、ゼロになることはあってもマイナスになることはありませんが、考え方にはマイナスがあります。マイナスとは考え方がネガティブである、ということもありますが、何よりも問題なのは、あなたの考え方と違う、またはあなたと正反対な考え方をもっている、という状態を指します。これは大問題です。

　ゼネラル・エレクトリック（ＧＥ）社の元CEOで、伝説の経営者とうたわれたジャック・ウェルチ氏は「能力の高い人間は必要だ。ただし、経営理念を共有する者に限る」と言っています。いかに能力が高くても、考え方が異なっていれば、意味がないどころか「害悪だ」と言い切ります。

第6章　▼　職員をパートナーに育てる

223

能力が高ければ高いほど、反対の考えに向かって、周囲を巻き込みながら突き進んでしまう恐れが大きいからです。まさに「悪貨は良貨を駆逐する」のです。

考えてみてください。たとえば5人の事務所で、言うことをきかない職員が1人いたら、20%の反対勢力がいるということです。かなり鬱陶しい存在といえるでしょう。

さらに、そういう人ほど声が大きかったりします。「そうはいっても1人だから」と高を括っていたら、「いつの間にか他の人も同調してしまっていた」ということにもなりかねません。少なくとも「気づいたら自分1人になっていた」というような状況は、厳に避けなければなりません。

要するに採用とは、いい人を入れる活動であると同時に、**入れてはいけない人を入れない活動である**との認識が必要です。そして、現在の職員数が少なければ少ないほど、後者の位置づけが高まります。

一番入れてはいけないのは、考えや思いを異にする人です。能力や熱意がゼロという人はさすがにいないでしょう。考え方がプラスであれば、間違いなく成果はプラスです。そして考え方があなたと同じであれば、喜んでイキイキと仕事をするでしょう。その結果、当初は低かった能力や熱意も必ず高まってくるものです。考えや思いの共有は、何よりも重要な要素であるとの認識が必要です。

(3)欠かせない地頭のよさ

では、「考えや思いさえ共有できればいいのか」というと、さすがにそうとは言えません。

想像してみてください。「出てくる資料は間違いだらけ」「何度言っても同じミスをする」「仕事を全然覚えられない」といった人はいかがですか。いかに考えや思いが共有でき、どんなに性格がよかったとしても、耐えられそうにありませんね。税理士事務所は、知的作業者集団です。地頭がよくないとついていけない職種であるとの認識が必要です。

特に、**"数字"に強いことは大切**です。数字に関する能力は、ある程度"天性"的なものがあると思います。やはり「簿記が楽しい！」と心から思える人は、仕事が正確で速いものです。逆に、「数字を見るのもいや！」という人は、どんなに性格がよくて真面目でも、決して長続きはしないでしょう。「数字に弱い」のはお互いに不幸なことといえるのです。

　よって、採用時に能力検査を実施する場合は、数字に関する問題は欠かせません。そして、「○点以下の人には会わない」と決めておくことをおすすめします。会えば情が湧くものです。その点において、能力検査はいい人を見つけるためではなく、会わない人を見極めるためのものと考えておかれるとよいでしょう。たとえ経験者であっても基準は同じです。経験があることと仕事ができることはイコールではありません。

　また、「売掛帳」などを使った簡単な検査もおすすめです。どこかの会社の売掛帳の右端の「残高」欄と、一番下段の「合計」「繰り越し」欄を消し込んだものを5ページほどご用意ください。電卓を渡して、その空欄を埋めてもらうのです。数字に強い人は、すらすらと、かつ正確に埋めていくことができます。しかしそうでない人は、穴埋めも遅いうえに、残高が数行目から合わなくなり、さらに残高が違っていても次のページに行ってしまいます。数字への適性が顕著に表われるものなのです。

　学歴については、出身大学よりも出身高校のほうが判断材料になるようです。いまや大学はＡＯ入試が多くなり、学業の評価基準にはなりにくくなっています。それに対して高校は、一部に推薦はあるものの数は少なく、きちんと勉強した人がそれなりの高校に進学するものです。勉強する姿勢や習慣は、仕事においても努力を厭わない姿勢に通じていると思います。

　ただし、10年も経つと高校のレベルも変わってくるので、注意が必要です。10年前はトップクラスだった高校が、いまは下位校になっている、またはその逆もよくあることです。

　また、都道府県内上位の商業高校出身者は、税理士事務所の仕事に高い適性をもっていることが多いようです。卒業後は就職することを前提とし

ていることが多いので、働く姿勢は十二分にもっていますし、何より数字へのなじみがあることは、とても心強いものです。

いずれにしろ、性格のよさもさることながら、地頭のよさを採用基準に加えることは、とても大切なことです。

(4) 面接は"性悪説"で、採用したら"性善説"で

さて、無事に能力検査を通過したら、次に面接となります。採用は、「入れてはいけない人をいれない」活動ですから、面接は、とても大切な"関所"であるといえます。

特に開業間もないころは、職員育成にかける時間はできるだけ少なくしたいという気持ちから、「できれば経験者を」と考えるのはよく理解できます。しかし、「経験者であれば誰でもいい」というわけにはいきません。「考えを共有できる」ことが最優先ですから、前職の先生からの薫陶を受け、その事務所の色がついてしまっている経験者ほど、いっそうの見極めが必要です。

さて、面接において最も大切なのは、「YES／NOで答えられる質問をしない」ということです。具体的に見ていきましょう。

もし履歴書に、次のような記載があったら、どう思われますか。

□業界経験年数：5年
□担当件数：法人20件、個人10件
□相続申告書作成実績：20件
□経営改善計画書作成実績：12件
□ものづくり補助金申請支援：8件
□生産性向上プロジェクトメンバー

「こんなにすごい人がうちの事務所に来てくれた！」と小躍りして喜ん

でしまうのではないでしょうか。その結果、1つひとつの実績を読み上げ、その真贋を「業界経験5年で30件の担当をもちながら、相続申告や経営改善計画、補助金申請までやっていたんですか？」「生産性向上プロジェクトにも取り組んでおられたのですね？」などと、イエスかノーで答えられる質問で確かめて終わりで、すぐに「いつから来ていただけますか？」になってしまいがちです。

　しかし、このような面接で採用した場合、「実際に入ってきてびっくり」ということがしばしば発生します。担当件数は補助件数で、申告書も計画書も申請書も、先輩に言われるまま書いていただけ。たしかにプロジェクトメンバーではあったけれど、ほとんどコピー取りで終わっていた……。

　このようなケースは、決して少なくありません。応募者は、その事務所に入りたいから面接に来ています。よく見てもらいたいとの心情は、決して否定できるものではありません。さらに彼は、嘘をついているわけではありません。補助ではあってもちゃんと担当にはついていますし、先輩に言われるままであったとしても、資料を作成していたことには変わりありません。プロジェクトチームにいたことも事実です。ただ**面接する側が「早とちり」しただけ**なのです。

　結果、能力検査はクリアーしたものの、税理士事務所に5年間もいて補助のままで、上司や先輩から言われるままにしか仕事ができない人が入ってきてしまう、絶対に避けたいところですね。

　ではどうしたらよいのでしょうか。それは**性悪説で履歴書を見て、性悪説で質問をすること**です。

「担当30件とありますが、どのような先でしたか？　具体的にどのような監査をされていましたか？」
「相続税申告は、どのような案件でしたか？　何に苦労しましたか？　問題ある人に対して、どのような指導をされましたか？」
「経営改善計画書はどのような先でつくられたのですか？　あなたはどのような役割を担われたのですか？　苦労されたのはどんな点ですか？」

「プロジェクトでは、どんな役割を担われ、どんな成果を上げられましたか？　特に効果があったのはどのような取り組みでしたか？」

などと、**履歴書に書いてある内容の中に隠れている"真実"を解き明かしていく**という姿勢で質問し、結果として応募者のこれまでの就業状況を丸裸にしていくのです。

このような質問をしていくなかで大切なのは、やはり「入れてはいけない人を入れない」という姿勢です。もちろん長所や得意な業務を明らかにすることも必要ですが、それよりも問題点や欠点をも明らかにしたうえで、「この欠点が許せるか？」という視点で見ていくことが、何より大切です。要するに、「ちょっと〇〇というところはあるが、まあこれくらいは許せるか」と思えるかどうかがポイントなのです。このような肚括りがあれば、何かあったときも「わかって入れたのだから仕方ない」と、いい意味での諦めがつきます。

円満な夫婦生活を送るためには、「結婚前は両目を開けてじっくりと、結婚したら片目をつむる」といいますが、採用もまったく一緒です。性悪説で丸裸にしたうえで、性善説で片目をつむる。そういう姿勢が大切なのです。「笑って許せる」心穏やかさが一番といえます。

また、経験者であるかどうかにかかわらず、中途採用の場合は、辞める理由も大切です。辞めるにはそれなりの理由があります。その中にネガティブな内容が含まれることはある意味、仕方がないでしょう。とはいえ、前職での上司や同僚などに対する人格否定と思われるような発言があったり、あまりにも被害者意識が強く感じられる人の場合、その矛先は採用後にあなたに向けられる可能性が高いと思っておいたほうがよいでしょう。

逆に、「前職ではみなさんにお世話になりました」「いまの自分があるのは前職のみなさんのおかげです」などといった感謝の言葉が伴うようであれば、入ってからもそのような姿勢をもってもらえることでしょう。

さらに、スキルアップが転職を考え始めたきっかけであり、就職活動の

なかであなたの考えに出会い、心から共感できたことが応募の理由であれば、なおよいでしょう。

　中には転職動機が多少ネガティブな人もいます。しかし、面談を通じてポジティブな思考に変換されているようであれば問題ないでしょう。

　また、第一印象はとても重要です。曇りない目に最初に映るイメージは、間違ってはいないことが多いものなのです。ところが、すばらしい内容の履歴書を目にし、話している間に情が移り印象が変わり、「人が欲しい」との欲望も相まって、どんどん目がくらんでいってしまう。人にはそういう側面があることを忘れてはいけません。

　よって、面接においては常に「採用とは、入れてはいけない人を入れない活動である」ことを念頭に置き、第一印象を大切にしながら、「一緒に働きたい」「育てていきたい」と思える人を採用していくことを心がけてください。

2 理想の事務所像を共有する

　将来パートナーになる可能性をもつ人を見つけることができたら、次に実践していかなくてはならないのは、やはり理想の事務所像の共有です。繰り返しになりますが、「成果＝能力×熱意×考え方」です。どれほど能力が高くても、いかに熱意があろうとも、考え方が異なっていては百害あって一利なしです。まずは、第3章で明らかにした理想の事務所像に対して、「私もその理想を絶対に実現したいです！」と思い続けてもらえるようにしなければなりません。

　逆に、その理想像に対する心からの共感があれば、間違いなく当人の中にその実現に向けて熱い心が芽生え、自らの能力を向上させる努力と時間を惜しみなく投入してくれるようになるものです。パートナーとなり得る職員は、このようにして育っていくのです。

　そもそも職員を採用するということは、"組織"をつくることにほかなりません。

　開業当初は、すべてのことをあなた1人でやらなければなりませんでした。しかし、あなたの仕事ぶりが周りから評価され、お客様が増え、業務内容も拡大してきた結果、職員を採用するという状態に至ったわけです。

　そして、これまで自分1人でやっていた仕事を新たに入ってくれた職員と分担し、その協力の下に共通の目標を達成していくことになります。これが組織の始まりというものです。

　「職員が1人増えただけで組織といえるのか？」という疑問をもたれるかもしれません。そこでまず、「組織とは何か」について考えてみたいと思います。私たちは、次のような要件を備えている集団を、組織と定義づ

けています。

　□ 2 人以上の者が
　□同一の目標に向かって
　□それぞれの役割を分担して
　□その目的を果たすために集ったもの

つまり、2 人となった時点でもう組織なのです。
　ところが、ただ単に 2 人以上になったからといって、それだけで組織ということはできません。まず、その集団の目的および目標が共有され、それを実現しようとする意思と意欲がないといけません。そのうえで、その実現のためにそれぞれの役割が分担されている。その条件を満たしてはじめて組織ということができるのです。
　しかし、その組織に属する人たちは、1 人ひとり違った感情をもっています。その異なる感情をもつ人たちをまとまりのあるものにしていくには、さらに具体的ないくつかの基本的な要件を満たす必要があります。その要件とは、次のようなものになります。

　①組織構成員に共通する目的・目標がある
　②仕事が分業化されており、役割が明確である
　③縦横のコミュニケーションが円滑に行なわれるようになっている
　④組織構成員が相互に関連をもち、協力の意思と意欲がある
　⑤組織共通のルールがある

　①は、まさに本項のテーマそのものです。この共通する目的・目標、すなわち理想の事務所像の共有なくして、組織ということはできないということです。さらに④にあるように、その理想の実現に向けた協力の意思と意欲がなければ、その理想にたどり着くことはできないでしょう。そしてその意思と意欲の発揮の場としての事務所の役割を明確にし、相互のコミ

ュニケーションを豊かにして、それぞれの役割をよりいっそう効果あるものにしていく、そのような取り組みが必要になるのです。

⑤については、就業規則や行動規範として表わされるもののほか、第5章で明確にした「業務標準」の遵守も、それに該当します。いずれにしろ、優れた組織にするための第一の条件は、共通の目的・目標の共有にあることとご理解いただければと思います。

一方で、ただ一緒の場所で働いているだけで、組織の体をなしているとは言い難い個人商店の集まりとなってしまっている事務所も多いものです。非常にもったいない話です。上記5つの基本的条件を満たして、一緒に働ける喜びと、一緒に理想を実現できる満足を両立できる事務所にしていっていただきたいと思います。

あらゆる場・機会を活かして共有化する

さて、理想の事務所像の共有に関しては、あらゆる場、あらゆる機会を活用していくことが肝要です。もちろん事務所方針によるところですので、その内容についてはそれぞれで考えていただけばよいでしょう。一般的には、次のようなイベントが考えられます。

□朝礼
□会議
□方針発表会
□新年会、忘年会などの各種慰労会
□慰安旅行・運動会
□サークル活動

朝礼・会議以外については、ご家族をお呼びすることにより、本人がどのような事務所に勤めているのかをご理解いただくとともに、そのような事務所で働く本人を支えていきたいという意思と意欲を醸成することもできるようです。

また、慰安旅行やサークル活動などの場では、フォーマルな場所では言えない"本音"が出てくることも多いものです。「理解してもらっている」と思っていたことが案外伝わっていなかったり、「本気だったんですか？」などと、納得されていないまま何となく進んでいたことが明らかになってきたりします。そういう意味でも、インフォーマルなイベントの場は、目的・目標の共有度合いを測るよい機会となります。

　また、継続的に成長する事務所で働く人たちとお話をさせていただくと、みなさんとても仲よく、そして明るいという共通点があります。その理由をお聞きしていくと、ほとんどの事務所でいろんなイベントが催されていることがわかってきました。それが結果としてすばらしい雰囲気、好ましい組織風土を醸成していると考えられます。ぜひ、自分たちにマッチしたイベントを検討していただければと思います。

"理念行動"をする職員をスターにする

　あらゆる場、あらゆる機会を通じて、共通の目的・目標を浸透させていくためにまず考えられるのは理念の唱和でしょう。

　「唱和するだけでは意味がない」との声が聞こえてきそうですが、一概にそうともいえません。"素読"という言葉はご存じでしょうか。「書物、特に漢文で、内容の理解は二の次にして、文字だけを声に出して読むこと」（『大辞泉』小学館）で、中世以降、特に江戸時代において武家の子弟が論語などの学習の初歩として行なっていました。「読書百遍、意自ずから通ず」といわれますが、まさに「読むだけで意味がわかってくる」素読の効用は、理念の唱和にも当てはまるものです。意味がわからないまま口にしていた言葉が、「ある日、ある出来事を通じて、ストンと腹に落ちた」といった瞬間があるものなのです。

　しかし、日頃から口にしていないと、そのような機会があったとしても気づくことができません。唱和するだけでも、かなりの効果があると認識しておくとよいでしょう。

なお、朝礼については、

□全員が揃って一斉に1日をスタートさせることができるメリハリ
□大きな声で元気よく挨拶することによるコミュニケーションの醸成
□互いの予定を確認することによる協力の意思と意欲の醸成
□方針やスローガンの共有

などの効用があります。

□ポジティブな気持ちを醸成する
□互いの協力の意思と意欲を醸成する
□プライベートと仕事のメリハリをつける
□コミュニケーションが円滑になる（話題・考えの共有など）

といった点に留意して、具体的な内容を吟味し、実施することをおすすめします。

その中でも、特に心がけていただきたいのは、**理念に沿った行動をした人をスターにすること**です。「きのう、○○さんがこのようなことをしてくれました。これは当事務所の理念に基づく、とてもすばらしい行動です」などと、褒め称えることが大切です。

経営理念を唱和することによって言葉としての理解は進みます。しかし、どんな行動をすることが理念を実践したことになるのかがつながっていないことも多いものです。

このようなスターの存在を認め、称え、褒めちぎることによって、「こういう行動を取ることが理念の実践なんだ」という気づきを与えることができるのです。「思いと行動をつなげる」とてもよい機会となります。ぜひ理念行動を見逃さず、理念の浸透に活かしていっていただきたいと思います。

このような取り組みを通じて、組織に属するすべての人がそれぞれの役割をまっとうし、他のメンバーとコミュニケーションを豊かにして協力の意思と意欲を高めつつ、互いに相乗効果を発揮して、共通の目的・目標の実現に向けて邁進していくことになります。

　人間1人ひとりの力はきわめて小さなものです。しかし、その小さな力でも結合させることで、計り知れない大きな力となり得るのです。成果は、能力と熱意と考え方を乗じたものです。共通の考え方と高いレベルの熱意を実現できれば、自ずと能力は高まりますし、互いの協力によって、さらにその能力は磨かれ、活かされ、伸ばされていくものなのです。

　組織のトップの役割は、**凡人に非凡なことをさせること**といわれます。まさにそのとおりで、組織を編成し、運営する者にとっての最大の魅力であるといえるのです。

3 「仕事の報酬は仕事」で キャリアルートを考える

　採用し、理念と理想の共有が図れたところで、具体的に「育てる」というテーマに着手していくことになります。知的作業者集団である税理士事務所にとって“教育”はとても大切な要素です。

　ただ、教育はあくまでも人事制度の一部を構成するものですから、人事制度全般の構築なくして、教育を語ることはできません。「何をやってもらいたいのか」「どうなって欲しいのか」を明確にしないまま、「何を教えたらいいのか」が明確になるはずがないのです。そこでまず、人事制度全般についての考え方を整理しておきましょう。

　人事制度とは一般的に、**図表6-1**のように、大きく「人事評価制度」「賃金制度」「昇進昇格制度」「教育制度」の４つの制度によって構成されます。

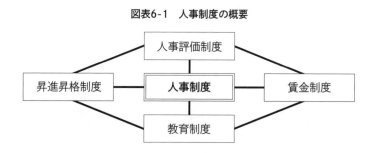

図表6-1　人事制度の概要

　このうち、頂点に君臨するのが「人事評価制度」です。事務所として何を評価するか、どのように評価するのかが決まらない限り、賃金を決めることも、昇進昇格の基準を決めることも、どんな教育体制を構築するかも決まらないからです。よって本項では、人事評価制度を中心に解説したいと思います。

税理士事務所のみならず一般的な企業においても、「人材の活性化と賃金の合理的な配分を実現したい」という要望は多いものです。しかし、そのためには、いくつもの前提の整備が不可欠です。

　その中でも、特に重要な前提は、**仕事の報酬は仕事そのもの**であるということです。一所懸命に働いたときに自ずと湧き上がる心からの喜び、その結果、何かを生み出し、何かを達成したときの充実感、その上に、お客様や周りの人たちから「ありがとう」と感謝の言葉をいただく感動以上の報酬はありません。金銭としてもらえる給料や賞与などは、その本質的な報酬の上乗せ分といっても過言ではないのです。さらに、**仕事は仕事ができる人に集まる**ものです。一所懸命に働いた結果、よりいっそうやりがい、働きがいのある仕事をさせてもらえるようになる、これ以上の評価は、他には決してありません。

　しかし、残念ながらいまだその域に達していない人にとっては、仕事そのものが喜びや感動であることが理解できません。富士山に登ったことがない人に、「登頂の爽快さを感じなさい」というのが無理な注文であることと同じです。ですから、

　　□わが事務所は何をもってこの社会に貢献をしようとするのか
　　□その貢献に対して、職員にどのような役割と成果を求めるのか
　　□結果として職員にどのような喜びや感動、または満足を感じてもらおうとしているのか

などを明確にしなければなりません。すなわち、目指す山を明確にし、その登頂ルートを示し、そのときどきの到達地点を的確に指摘しながら、確実に登頂へと導き、その喜び・感動・満足を感じさせるのです。人事制度とは、そのような前提に立って構築することが大切です。

　改めて、これまで検討してきた経営理念や経営ビジョン、事業分野規定をはじめとした理想の事務所像の明確化が欠かせないということを感じていただければと思います。

（1）ドンブリ勘定をきちんとした評価制度にする

　1人ひとりの職員の顔が見える税理士事務所においては、大企業型の評価制度を導入すると失敗します。たとえば「積極性」や「協調性」などといった評価項目を列挙し、それを5段階程度で評価をしていくような制度です。

　1つの理由として、"中心化傾向"という人の思考の特性があります。

　たとえば、とても優秀なA君に対して、その評価を「5」か「4」かで迷ったとします。多くの場合、「いかに優秀といっても、5まではないかなぁ。4にしておこう」。また「4」か「3」かで迷ったときは、「彼の中では一番の課題だな。厳しく3にしておこう」となります。一方で、問題を感じているB君に対して、「1」か「2」で迷うと、「さすがに1は厳しすぎるな。2にしておこうか」。「2」か「3」かで迷うと、「これくらいしかいいところがないけど、3にしておこう」などとなります。

　これが中心化傾向によって起こる具体的な現象です。

　その結果、総合点がA君65点、B君40点となりました。その差は25点です。ところが彼らの日頃の言動を見聞きしているあなたの感覚では、A君80点、B君30点だったとしましょう。その差は50点もあります。

　このギャップを埋めようと、感覚に合わせるために辻褄の合わない調整が始まり、結局「説明がつかない」評価結果になってしまうのです。これが大企業型の評価制度が適合しない理由です。

　では、どうしたらよいのでしょうか。最適なのは"認定方式"です。先のA君80点、B君30点のように、その評価結果はすでに決まっていることが多いものです。そうであるならば、その腹づもりを起点としたアプローチをしたほうが、現実的であり、説明もつきやすいものです。

　具体的には、基準を設けずに評価してみることです。入ったばかりの人と、経験年数が長い人を同じ土俵で評価するわけにはいきませんから、ま

ずはいくつかのクラス分けをしてみてください。1つの例として、6段階に分けたケースを示します（**図表6-2**）。

図表6-2　クラス分けとその定義

クラス	呼称	定義・役割
6	マネージャー	所長の参謀として経営に参画できる
5	リーダー	4〜5人の部門をまとめることができる
4	トレーナー	他の職員を指導することができる
3	シニア	お客様に提案することができる
2	ジュニア	自分で考えて仕事ができる
1	アシスタント	言われたことを確実にこなす

　必要な階層数につきましては、第3章で検討いただいた96ページ図表3-4「職員数とその特徴」に照らし合わせて考えてみてください。「ケース1」の職員数5人までであれば、クラス1のみでよいかもしれません。「ケース2」の職員数10人までであればやはりクラス3、できれば4までは欲しいところです。「ケース3」の職員数20人までであれば、最低5まで、「ケース4」ともなればこの6つすべてのクラスが必要でしょう。

　さて、このようなクラス分けができましたら、次に既存メンバーを該当するクラスに当てはめます。そのうえで、日頃感じている感覚で評価していきます。具体的には**図表6-3**のように、5〜6段階くらいの評価ランクを設けるとよいでしょう。図中の「S」はスペシャルの頭文字で、そのクラスではすでに特別な存在であり、もうひと頑張りで上のクラスに昇進できる状態にある人を示しています。

図表6-3　人事評価表（例）

クラス	呼称	S	A	B	C	D
6	マネージャー					
5	リーダー					
4	トレーナー					
3	シニア					
2	ジュニア					
1	アシスタント					

5段階評価の真ん中が「B」で、そのクラスにおける期待どおりの評価であることを表わし、それを下回れば期待を満たしておらず、上回れば期待以上であることを示しています。

　では、具体的に既存メンバーの方々をこの表に当てはめてみてください。まだ評価対象者がいない場合は、前の職場での同僚を頭に浮かべて評価してみてください。ここでは理由は問いません。「そう感じた」でかまいません。それぞれあてはまる場所に名前を書き込んでいってください。

　たとえば、入社7年目の同期で、それぞれ20件ほどの担当をもつシニアクラスの甲さんと乙さんを評価した結果、甲さんが「S」、乙さんが「C」となったとしましょう。

　評価が終わったら、次にその"理由"、すなわちなぜ甲さんがSで、乙さんがCなのかを考えます。すると、次のようなことがわかりました（**図表6-4**）。

図表6-4　評価理由の明確化（例）

甲さんがSの理由	乙さんがCの理由
・行動がテキパキしている ・仕事が早い ・きちんと報告してくれる ・お客様にいろいろ提案している	・いつもダラダラしている ・提出期限ギリギリばかり ・報告がない ・言われたことだけしかやらない

　このように、「私は何を高く（低く）評価しているのか」「私はどんな態度・行動を求めているのか（許せないのか）」などと、**あなた自身の評価認定規準を抽出していく**のです。その中には、一般的な評価項目には出てこないものが入っていたり、これまで評価項目に入れていたものが実はそれほど重視していなかったりなど、本音と建て前のギャップに気づくこともあると思います。これも大企業型の評価がそぐわない理由の1つです。

　ここで重要なのは、**人事評価の対象は"人"ではなく"仕事"である**ということです。この視点がないと、単なる「好き」「嫌い」が評価基準になってしまい、結局のところ、「説明がつかない」評価になってしまうの

です。この点は特に注意をしてください。

　こうした分析を進めていくことで、評価者である"私"は結局のところ、

　　□時間・納期を意識して仕事をする
　　□報告・連絡・相談をきちんとする
　　□お客様にも所内でも提案できる

人を高く評価していることがわかってきます。この視点が明確になれば、評価もさることながら、具体的な指導方針も明確になってきます。

　次に必要なのは"フィードバック"です。その際大切なのは、**評価結果ではなく、"期待"をフィードバックすることで成長を促す**ことです。
　具体的には、次のような話をしていきます。

＜甲さん＞

　「君は本当にテキパキ仕事をしてくれるし、仕事も早い。また報告もきちんとできるし、お客様への提案も申し分ない。ぜひ、後輩たちを育てていって欲しいと思っている。一度○○君の面倒を見てくれないか。いまでも十分できるとは思うが、本当に彼が育ってくれるようなら、君をトレーナーに昇格させようと思う」

＜乙さん＞

　「いま、君はシニアクラスにいる。シニアはジュニアやアシスタントの見本になってもらわないといけないが、残念ながら、その期待は満たされていない。君にはもっと時間や納期を意識して仕事をして欲しい。また報告・連絡・相談も徹底して欲しい。できればお客様に対する提案も、もっとしていって欲しい。これを今後の課題として取り組んで欲しい。これが実現できなければ、今後とも高い評価はできない」

このとき、乙さんから「そんなことはありません。先生が見ていないだけです。私はちゃんとやっています」との答えが返ってきたらどうしますか。もし証拠がなかったら、残念ながら「やってる」「やってない」の水掛け論で終わってしまうことでしょう。

そのときに、第5章で明確にした「業務の見える化」ができていれば、きちんと説明することができます。たとえば、「工数・時間単価」「業務進捗管理」「業務報告書・日報」「お客様とのやりとり」などが"見える化"されていたら、

□工数・時間単価：時間を意識して仕事をしているか？
□業務進捗管理表：納期を意識して仕事をしているか？
□業務報告書・日報：報告・連絡・相談はできているか？
□お客様とのやりとり：きちんと提案しているか？

などが自他ともにはっきりと見えてくるのです。要するに、人事評価の上においても、業務標準化はとても大切なことなのです。

少なくとも、評価結果のフィードバックは必須です。「職員の反発が怖い」などと結果を伝えなければ、いつまでもすれ違いを続けることになってしまいます。クローズされた人事評価は、労使の不信感を招くもとです。ぜひ評価の見える化を推進し、納得感のあるフィードバックを実現していただければと思います。

(2) オプションルールで評価品質を高める

さて、評価品質を向上させるためのオプションルールも、ときとして有効です。

たとえば「自己申告書」は、本人がどのような自己評価をしているかを知ることができるよいツールです。**図表6-5**をご覧ください。

あなた／本人	高	低
高	良好な関係が構築できている ステップアップの方向性を共有	まずは正しい自己認識が必要 見える化の徹底で現状を共有
低	自信喪失に陥っている可能性 適切な評価を共通認識に	認識は共有できている 課題解決策を一緒に検討

　この表は、自己申告書から明らかになった評価される職員の「自己評価」と、評価者であるあなたの評価結果のギャップを端的に表わしたものです。

　あなたも本人も「高」い場合は、何の問題もありません。お互いの認識が一致した好ましい関係が構築できているといえるでしょう。今後のステップアップの方向性を話し合い、共通の認識にし、さらなる成長を促していただければと思います。

　あなたも本人も「低」い場合は、内容的には問題があるものの、共通の認識ができている点においては好ましい状態であるといえます。その問題に対してどのように解決していくかを一緒に考え、今後の方向性を共有してください。

　あたなが「高」く本人が「低」い場合は、本人が自信喪失に陥っている可能性があります。少なくとも自分自身を過小評価していることは間違いありません。これは過信よりはましですが、できていることをできていないと感じているわけですから、目先の課題に振り回され、次のステップに進むことができない可能性があります。見える化された根拠に基づいてあなたの評価をきちんと伝え、適切な自己評価ができるように指導してください。正しい自己認識ができれば、今後のステップアップの方向性が見えてくることでしょう。

　一番問題なのは、あなたが「低」く本人が「高」い場合です。できていないことをできていると思ってしまっている状態です。これでは改善のしようがありません。どんなに問題を指摘しても「先生は何もわかっていない」と、逆にあなたの評価を疑うことになります。このような状態が明ら

かになった場合は、やはり見える化された根拠に基づき、何ができていないのか、どこに問題があるのかを共通の認識にしていく必要があります。期待と評価のずれが解消できなければ退職リスクが生じますし、何よりもこのズレが解消されない限り、好ましい関係を構築することも、期待どおりの仕事をしてもらうことも難しいといえるでしょう。

　このように、自己申告書は、本人の考えを知る機会となり、**よりいっそう好ましい関係の構築と、望む方向性に向けた成長をもたらす**ものなのです。

　自己申告書に「あなたの考える一番活躍した人」という欄を設けることも一考の価値があります。あなたには見えていないけれども、職員の目には映っている「認めるべき部分」が明らかになることがあります。

　また、職員同士の関係性が垣間見えることもあります。たとえば、あなたの評価が高い人同士がお互いに評価し合っていれば、両者の間には好ましい関係が構築できているといえるでしょう。力ある者が切磋琢磨しながら成長し続けることができ、周囲もその影響を受けてさらに望ましい環境ができあがってくることでしょう。

　ところが、評価の高い者同士が認め合っていない場合、ともするといがみ合いの関係になっている恐れがあります。評価の高い人たちですから、周りへの影響力も大きいものです。そのような関係性は、できるだけ早く解消しておきたいものです。

　評価の低い者同士がお互いを評価している場合、傷のなめ合いになってしまっている可能性があります。これでは成長の余地はありません。自分が目指すべき人物像を明確にもってもらえるよう、指導していく必要があるといえるでしょう。

　また、年に何回か「ＭＶＰ（最優秀選手）賞」のような表彰をするのもおすすめです。「何が評価されるのか」を一番わかりやすく伝えることになりますし、モチベーションアップにもつながることになるでしょう。

　ただし、このような表彰は非常に強い動機付けとはなるものの、ある側

面だけを見て評価をしてしまうと「とても正しい評価とは思えない」と逆に職員に反感が生まれ、動機付けどころかやる気を失わせてしまう可能性もあります。

そこで、結果とプロセスの関係性に留意し、特に日頃の言動に対して感謝の気持ちを伝える場と考えていただくとよいでしょう。

(3)報酬への反映は、給与と賞与に分ける

さて、評価が決まれば、具体的に報酬へ反映させる必要があります。いわゆる「賃金制度」に関わる部分です。ここでは「昇進昇格制度」と合わせて解説していきます。

賃金制度の構築において注意していただきたいのは、昇給昇格の評価と賞与の評価の対象の違いです。

昇給昇格では"能力"の評価結果を反映します。基本的な能力の高さを評価対象とし、能力向上に伴って報酬を上げる、ないしは昇格させる、という考え方です。図表6-3のような評価表などに基づき、あらかじめ事務所が求める期待人材像を明確化したうえで、その職員がいまどのレベルの能力にあり、そのレベルの中でどのような評価になっているかを明らかにするなかで、事前に伝えてある期待の実現度をベースに決定していくものです。

図表6-3におけるクラス1「アシスタント」やクラス2「ジュニア」のレベルであれば、「○○ができるようになる」といった職能表をつくることができるでしょう。具体的な期待能力を棚卸しし、何ができるようになることを期待し、評価するのかを明確にされることをおすすめします。

一方で、クラス3以上になりますと、基本的なことはできるようになっているはずですから、全員に共通する評価項目を明確にすることが難しくなってきます。その場合は、「相対評価」をするしかありません。たとえば例示の人事評価表のようにSからDまでの5段階の評価ランクを設定し、そのランクごとに昇給額を決めておいたうえで、同じクラス内のメンバー

を比較しつつランク付けをすることで昇給額が決定される、といった形を取られるとよいでしょう。

　一方、**賞与では"成果"を評価**します。すなわち、一定期間の成果や取組み状況などが評価対象となります。たとえば、相続対策立案や経営改善計画書の作成など、こちらから積極的に提案した結果ではあるものの、毎年発生するものではなく、「たまたまその年だけ多かった」といった成果を、下げることが難しい給与で評価することは避けたいものです。また、税務調査対応や相続税申告などのように、特に受注に向けた努力をしたわけでもないのに、棚ぼた式に上がった成果も同様です。しかし、実際に売上につながっていることは事実なので、評価をしないわけにはいきません。そこで、そのような成果に対しては半期ごとに評価を実施し、もっぱら賞与に反映させることが望ましいといえるでしょう。

　さて、給与に関しては「歩合給」を導入している事務所も多いようですが、あまりおすすめはできません。もちろん、成果と直結していますから、評価は簡単です。しかし、歩合給に反映されないことはやらない、といった組織風土を醸成してしまう恐れがあります。特に能力の高い人には、将来リーダーやマネージャーになっていって欲しいと思うことが多いものですが、「現場にいたほうが給料を稼げる」と、その希望に沿ってもらえないケースは多いものです。目先の評価のしやすさ、手間のなさを選ぶか、将来の組織運営の適正化を優先するか、考えどころかと思います。一部に歩合部分を織り込むにしても、そのような視点をもって検討していただくことをおすすめします。

4 教育を徹底し 学習を習慣化する

　評価の内容が明らかになり、その報酬体系も整備されれば、次に必要なのは「教育制度」の構築、すなわちどのように人材育成、職員教育を行なっていくかについての検討です。

　教育は強制といわれます。実はこの言葉に対して、税理士をはじめとした資格者の方は「勉強は自分でするもの」という考え方から違和感を覚えることが多いようです。本来は、こちらが正しい考えだと思います。しかし、現実は違います。

　資格者は、その資格取得に向けて、あらゆる誘惑を排除し、多くの時間をその勉強に費やしてこられました。そしてそのような生活習慣が当たり前になっています。よって、資格を取得したからといって、勉強をしなくなることはありません。勉強をし続けていきます。学習が習慣になっているからです。

　資格をもっていない方には、残念ながらその習慣が身についていないことが多く、ついつい目の前のことに流されていってしまいがちです。**税理士事務所の仕事はやらなければならない仕事のかたまり**といっても過言ではありません。将来のための投資よりも、目先のやるべきことを優先してしまうのは、致し方のないことかもしれません。言い方は悪いのですが、水は低きに流れるものなのです。

(1) 学習を習慣化する

　そこで、教育制度を構築していくにあたっては、何より**勉強することを常とする職員を育てる**という視点をもつことが大切です。いわゆる**学習の**

習慣化を目指すものであり、以下のような施策が考えられます。

①学習時間の確保

　まずは、学習時間をきちんと確保することです。たとえば「毎日始業後15分」「毎週月曜日の午前中」「毎月第2営業日」などと、学習の時間をきちんと決めることが大切です。

　少なくとも採用時にこのような制度を説明すれば、勉強を嫌う人が入ってくることはないでしょう。それどころか、「能力を高めたい」「より質の高い仕事ができるようになりたい」という前向きな人が応募してきてくれるはずです。

　内容については、職員に共通して習得して欲しい知識や、そのときどきにお客様に提供したい情報などがよいでしょう。

　もちろん、毎回事務所でテーマを吟味し、内容を検討し、テキストや資料を準備することができれば、もっとも事務所にマッチした研修を実施することができますが、なかなかそのような時間を確保することは難しいのが現実です。

　そのような場合は、私どもでも、税理士事務所の職員として最低限習得してもらいたい知識や、お客様に接するうえで提供できるようにしておいて欲しい情報などについては、「会計担当者養成動画」や「**MyKomon**トレーニング」などのネット上の研修メニューをご提供していますが、外部の力を借りることも検討の余地があります。

　いずれにしろ、何よりまず、時間を確保することが大切です。

②所内試験を用意する

　さて、せっかく学習の時間を確保するのですから、その内容をしっかりと習得してもらわなければなりません。しかし何のフィードバックもなければ、「ただ学んで終わり」になりかねません。

　そこで検討していただきたいのが所内試験の実施です。当社では先ほどご紹介した「会計担当者養成動画」や「**MyKomon**トレーニング」に確認

テストを用意していますが、実施した研修の内容に基づいて、その習得状況をテストによって確認するのです。習得度を高めるとともに、学習意欲そのものを高めることが目的です。「させられた勉強」はなかなか身につかないものですから、学習効果を見える化することによって勉強することに意欲をもってもらうのです。また、その結果は人事評価に反映させるとよいでしょう。

③資格取得の推奨・支援

　最後に、せっかく税理士事務所に入った以上は、税理士資格を取得して欲しいと願う方も多いと思います。また、資格取得を目指す意欲を高めることで、よりいっそう勉強することを習慣化させることもできます。資格取得意欲を高めるための具体策としては、

　　□専門学校の講座受講料および大学院の学費の補助
　　□通学に伴う労働時間の調整および特別休暇の付与
　　□合格時の祝金の支給ないしは資格手当の付与

などが考えられます。もちろん、資格は個人に与えられるものですので、時間もお金も自分自身で賄うのが当たり前ですが、学習習慣をつけるための教育投資と考えれば、それほど高いものともいえません。さまざまな条件を設ける必要はありますが、検討の余地はあると思います。

(2)自ら学ぶ姿勢をつくる

　マンツーマンで指導をする場合、念頭に置いておいていただきたいことがあります。それは、基本的には「教えない」ということです。教えてはいけない理由は次の2点です。

　第一に、**わかっている人は、わからない人のわからないところがわからない**からです。「わからないことがあるのなら、わからないと言ってくれ

れればいい」という考えは当たり前ではありますが、たとえば入ったばかりの新人が上司や先輩に「わかりましたか？」と尋ねられて、「わかりません」と答えるのは、とても勇気がいることです。さらに、「わかりましたね？」と言われてしまったら、「はい」と答えざるを得ないでしょう。

　一方で、教える側の心情はいかがでしょうか。「わかりましたか？」と尋ねて、「はい」と答えられるのは気分がいいものですが、「いいえ」と言われたときは、落胆や不満、悪く言えば「これくらいわからないの？」などといった相手を見下す気持ちが出てしまうこともあるでしょう。「はい」と答えたときの晴れやかな顔、「いいえ」と答えたときの微妙な反応を見てしまった職員が、「わからないとは言えない」と感じてしまうのも無理はありません。当然、「こんなこともわからないの！」「それはもう教えたでしょ！」は禁句です。

　いずれにしろ、人間関係ができている相手であっても、「わからない」ことを意思表示することは難しいものです。出会ってまだ間もなく、信頼関係も十分に構築できていない上司や先輩に対して、「わからない」と言える人は少ないと考えておいたほうがよいでしょう。

　第二の理由は、**「教わる」といった受け身の姿勢では、習得度が高まらない**ということです。逆に、**人は興味・関心のあることは覚えが早いもの**です。よって育成にあたっては、「教える」ことよりも、「興味・関心をもってもらう」ことが大切なのです。

　それでは、どのようにしたら効果的・効率的なマンツーマン指導ができるようになるのでしょうか。

　私どもでは、「動画」の視聴をおすすめしています。当社が提供しているサービスの中にも「会計担当者養成動画」があります。特に新人向けのメニューでは、訪問・来客や電話応対、コミュニケーションの取り方やビジネス文書の書き方などのマナーに関する内容や、守秘義務や報告・連絡・相談の必要性、段取りの立て方や2S（整理・整頓）の仕方といった仕事の基本に関わることを解説しています。また、税理士事務所業務に関して

は『はじめてシリーズ』として、「月次・決算処理（簿記知識を含む）」「法人税」「消費税」「所得税」「年末調整」「給与支払報告書・法定調書」「償却資産税申告」「確定申告」「贈与税」「給与計算の基礎」などのテーマで、まったくの未経験者でもわかるよう、基礎から丁寧に解説しています。これらの内容のうちから、個々人の知識レベルや習得・成長度合いに応じてテーマを選択し、視聴を指示するのです。

　他のサービスを利用する場合も、視聴における最も重要なポイントは、**「わからないことがあったら聞きなさい」**という姿勢です。教えてはいけない理由の2つ目にも提示したとおり、人は「教わる」という受け身の姿勢では習得度が高まりませんが、興味・関心のあることは覚えが早いものです。そのためには、「覚える」ことをゴールにするよりも、「わからないところを明らかにする」ことをゴールにすることがポイントです。

　また、人間の脳には、「差を埋める」習性があります。人は**「わからない」ことがはっきりすると、自然と「わかろう」とする行動を起こす**ものなのです。人には**ゴールが明確になると頑張れる**という習性もあります。わかっている人は「ここまで覚えたらOK」という明確なゴールをもっていますが、わからない人は「どこまで覚えたら覚えたことになるのか」わかりません。ゴールがまったく見えていないということです。しかし、「わからないことを明らかにする」のがゴールであれば、「自分のわからないことをすべてリストアップし尽くせば終わり」ですから、ゴールは明確です。

　いずれにしろ、動画の視聴にあたっては、わからないことを明らかにし、「知りたい」「わかりたい」という欲求を喚起することが大切です。

　ただし、まずはできる限り自分自身で理解しようとしなければなりません。その点、動画であれば、何度も繰り返し視聴することができます。自分がわからないことがあったら何度も視聴し直し、それでもわからなかったら質問する、という姿勢が大切なのです。

　また、人間は忘れる生き物です。「忘却曲線」というものをご存じでしょうか。心理学者のヘルマン・エビングハウスが、ある事象を記憶した後、

どれくらい記憶し続けることができるかを表わしたものです。その結果は、次のグラフのとおりです。

図表6-6　エビングハウスの忘却曲線

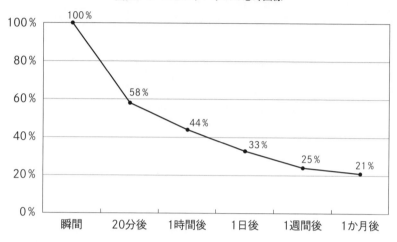

人間の記憶が、はかないものであることがよくわかります。このデータは、一連の無意味なつづりの記憶に基づくものですから、体系立った知識であれば、もう少し記憶残量は多いでしょう。しかし、それでも時間の経過によって記憶が失われていくことは避けられない事実といえます。よって、知識の習得においては、反復学習できる状態をつくることが大切です。その点においても動画のメリットは大きいのです。

さて、動画を利用した「わからなかったら聞いて」作戦には、指導する側にもメリットがあります。それは、教えたことを何度も質問されるストレスから解放されることになると同時に、指導対象者が本当にわかっていないことが何かを知ることができるようになることです。そして、適時適切にその理解度を確認することができるようになり、その新人の成長を楽しみ、喜ぶことができるようになるのです。

いずれにしろ**質問は成長度を測るバロメーター**との認識をもち、新人の成長を喜び、楽しみながら育成していっていただければと思います。

5 | 労働環境を 改善し続ける

　最後に「労働環境」について考えてみましょう。本書においては、特に「働き方改革時代」に求められる"規則整備"に限定し、かつ広範に及ぶその内容の中から、税理士事務所にとって特に重要な視点に絞ってお伝えしたいと思います。

(1)労働時間に関する考え方

　重要な視点の１つが、「労働時間」の問題です。

　かつて税理士事務所では、特に年末調整や確定申告、または３月決算業務などの繁忙期においては、"不夜城"と呼ばれるほど長時間労働であることが当たり前の業界でした。しかし現在では、以下を過重労働対策の最低基準と考えるべきでしょう。

　□残業時間は、原則月45時間（１年単位の変形労働時間制の場合は月42
　　時間）以下
　□36協定遵守は当然として、繁忙期でも月80時間を超えないように
　□月100時間以上の残業は法令違反
　□週に１日の休日は絶対に付与
　□深夜勤務（午後10時から午前５時まで）はさせない

　これだけを見ますと、時間など一切気にせず働いてきた世代においては、「これではまともな仕事なんかできない」という感覚に陥る方も多いと思います。

第6章 ▼ 職員をパートナーに育てる

253

しかし、慶應義塾大学・島津明人教授によれば、人間の脳が集中力を発揮できるのは、朝目覚めてから13時間以内であり、起床から15時間を過ぎた脳は、酒酔い運転と同じくらいの集中力しか保てないのだそうです。

　また、スタンフォード大学の調査によると、1週間の労働時間が50時間を超えると、労働生産性が急激に低下し、55時間以上になるとさらに悪化し、もはやこれ以上働いていても意味がないという結果が出ています。

　まさに、かつて基礎訓練の定番であった"うさぎ跳び"が、いまややってはいけないことの代表例となっているのと同じように、私たちの頭の中を根本的に改めるべきとの認識が必要です。

　また、資格取得や家庭との両立など、いわゆるワークライフバランスの重要性はますます高まっています。この命題に答えることができなければ、採用がより困難になるどころか、既存の職員の定着にも悪影響を及ぼす恐れがあります。先の最低基準である「月80時間に収まっていればいいだろう」で済まされるものではありません。

　ぜひ、第5章で解説した内容を実践し、生産性そのものを高め、できるだけ短い労働時間で最大の成果を実現する努力を続けていっていただきたいと思います。

　職員をパートナーに育てるには、まず「長労働時間は当たり前」という考えそのものを捨てなければなりません。

(2)残業および残業代

　とはいうものの、特に繁忙期においては残業が発生することは、多くの事務所においては否定できない事実だと思います。そこで、残業および残業代に関する考え方を整理しておきましょう。

　そもそも残業は、事務所からの命令が大前提であり、申請・許可制を徹底することが不可欠であるとの認識が必要です。"許可"という行為は、その時間が使用者の指揮命令下にあったこと、すなわち労働時間であるこ

とを確認する行為です。少なくとも、毎月末の労働時間確定時点で、職員本人の確認を行なうことをおすすめします。

　一方で、年間の繁閑差が大きい税理士事務所においては、業務の実態に合った労働時間制度、すなわち1年単位の変形労働時間制を採用されることをおすすめします。労使協定を締結することにより、年2,085時間の範囲で業務の実態に合ったカレンダーをつくることができます。

　また、「時間外・休日労働に関する協定届」いわゆる「36協定」により、法定労働時間を超える時間外労働および休日勤務などを命じることがあることをきちんと定めておくとともに、繁忙期においてはそれを超える時間（たとえば月80時間）を命じることがあることを「特別条項」によって明らかにしておく必要があります。

　税理士有資格者については、専門業務型裁量労働制を採用し、みなし労働時間とすることが可能ですが、社員税理士でない場合、他の職員とのバランスから、現実的には難しいと考えておいたほうがよいでしょう。

　ここまで述べてきて、「そこまで管理することは難しい」という声も聞こえてきそうです。その場合、残業代の不払い対策として現実的に有効なのは、定額残業制の導入です。これは、固定給の中であらかじめ一定の残業代を固定的に支給するという取り扱いです。

　ただし、この取り扱いが認められるためには、以下の要件が必要となります。

①独立した手当項目で支給されていること
②就業規則および労働契約において、時間外割増賃金の固定支給分であることが明確に示され、説明されていること
③定額残業代によって賄われる残業時間数を超えた残業が行なわれた場合は、別途清算すること
④実際の残業時間が定額分に満たない場合でも、賃金控除が行なわれな

いこと

特に③の認識には誤解があることが多いようです。決して「固定残業代を払えば何時間働かせてもかまわない」わけではありません。

また、たとえば基本給を最低賃金程度に設定し、それ以外を定額残業代にするなど、含まれる時間外労働時間数が極端に多いような設定は避けたいところです。

そのような設定は裁判等で無効とされる恐れがありますし、ご自身が職員の立場に立ったとき、そのような制度をつくる経営者をパートナーとして認めようとは思わないでしょう。当然ながら、自分がされたら嫌なことを、職員にしてはいけません。

(3) メンタルヘルスへの対応

さて、税理士業界に限らず社会全体の問題となっているのが、うつ病や統合失調症などのメンタルヘルス不調を訴える人が急増していることです。

心身の不調により就業できない場合は、原則として解雇事由に該当しますが、実務上は"休職"を命じ、まずは治癒を目指すことが通常です。休職とは、従業員を労務に従事させることが不能、または不適当な事由が生じた場合に、使用者がその従業員に対し、労働契約関係そのものは維持させながら、労務への従事を免除する解雇猶予措置のことを指します。

これはそもそも法律で定められている制度ではなく、個々の組織が就業規則などにおいて規定し、制度化するものです。実際にはメンタルヘルス不調を想定したルールづくりがなされていないために、問題が発生した際に十分な対応ができないことが多いものです。

そもそも、そのような問題が発生しないように最善を尽くす必要がありますが、こればかりは発生しないという保証がありません。そこで、病状の客観的な把握が難しい、再発リスクが高い、といったメンタルヘルス不調の特徴を前提として、次のポイントを押さえたうえで、休職規定を整備

しておくことをおすすめします。

□ 各種判断において事務所がそのイニシアティブを握ること
□ 試用期間中の取り扱いを明確にすること
□ 休職を命じる際の期間において「連続欠勤要件」を設けないこと
□ 休職を命ずる事由において、労務の不完全履行を追加すること
□ 休職期間については事務所の体力にあった適切な長さにすること
□ 休職中の賃金の取り扱いについて、明確に規定すること
□ 同一または類似の事由での休職取得回数に制限を設けること
□ 復職にあたっての「治癒」の定義づけを明確にすること
□ 主治医からの意見聴取に関する協力義務について明記すること
□ 復職における医師の診断命令を明確に規定すること
□ 復職の判断は、事務所指定医師の診断に基づき、事務所が行なうとすること
□ 復職後、短期での欠勤が発生した際の通算規定を盛り込むこと

　もちろん、第一義的には「メンタルヘルス問題を発生させない」という姿勢が大切です。過重労働やハラスメントなどを防ぐのは当然のこととして、本章で解説しているさまざまな動機付け策を通じ、職員が「イキイキ・ワクワク・ドキドキ」働くことができる職場をつくっていくことが何より大切です。

　しかし、残念ながらメンタルヘルス問題は、職場だけで起こるものではありません。職場以外の、たとえば家庭や社会生活上のトラブルなどから生じる可能性もあります。ある意味、防ぎようがないものなのです。

　もしメンタルヘルス問題が発生してしまった場合、その本人もさることながら、他の職員に与える精神的な影響も大きいものです。その点も踏まえ、制度整備をしていただければと思います。

(4)「職員ハンドブック」をつくる

　最後に、「職員ハンドブック」をご紹介したいと思います。

　そもそも、就業規則を整備していくにあたっては、次の2つの考え方が
あります。

　□性悪説：人は一定の確率で問題行動を起こすものである。就業規則は
　　　　　そうした問題行動から組織を守るためのものでなければなら
　　　　　ない。
　□性善説：事務所と職員は、同じ目的を共有するパートナーである。就
　　　　　業規則は、職員が安心して仕事に集中でき、労使ともによい
　　　　　事務所をつくっていくためのツールである。

　この2つの考え方は、どちらが正しくて、どちらが間違っている、とい
うものではありません。いずれの方針でいくかという選択ではなく、それ
ぞれの特性・役割に鑑みて、双方を同時に整備し、使い分けていくことが
望まれます。

　これまで例示してきた視点は、どちらかというと現実的に頻発している
労働トラブルに対応するためといえます。すなわち、"性悪説"に立った
制度整備です。

　しかしもう1つの視点として、後者すなわち"性善説"に立った、職員
に安心感や安定感を醸成するための規定、たとえば「職員ハンドブック」
などと表現されるものがあります。「職員をパートナーに育てる」という
視点においては、どちらかといえば、こちらの発想が大切になります。

　「職員ハンドブック」とは、労使がともに安心して職務に専念するため
に必要かつ重要なルールをわかりやすくまとめた、いわゆる"ルールブッ
ク"といえるもので、最近、作成する事務所が増加してきています。

そのポイントは、

□所内のあらゆるルールを横断的かつ重点的に
□わかりやすい言葉と表現で伝える

ことです。

　そして、就業規則の必要記載事項などに縛られず、「事務所からのメッセージ」「仕事上の基本ルール」「職員サポートや福利厚生の内容」などを盛り込む、ないしは各種規則に記載された内容のうち、特に重要と思われる箇所についてその背景や目的を解説するなど、より丁寧にかつわかりやすく説明するなど、事務所から職員へのメッセージ性を高めたものになります。たとえば「病気やけがをしたら」「結婚したとき」「子供が生まれたとき」などの、職員が感じる「こんなときはどうすればいいの？」に答える内容を盛り込んでもいいでしょう。

　"性悪説"でつくられたものは、禁止事項を明示するというアプローチが中心になりますが、ハンドブックは安心かつ前向きに働いてもらうことを目的としていますから、ポジティブな表現を用いるとよいでしょう。禁止事項を期待事項として表現することで、望ましい行動に対する意思と意欲を高めることが大切です。

図表6-7　職員ハンドブック（例）

「職員ハンドブック」は、まさに職員をパートナーに育てるためのルールブックであり、宣誓書ともいえるものです。どんな職員と一緒に働きたいかをイメージしながらその内容を吟味し、楽しみながら制作していっていただければと思います。

　なお、例示のハンドブックの項目にはありませんが、これまで検討してきた内容のうち、「これだけは常に意識しておいて欲しい」ものは、ぜひ記載しておいていただきたいと思います。

第 **7** 章

コロナ禍における
税理士事務所の役割

1 苦難のときこそ高まる 税理士事務所の役割

さて、前章までが"平時"におけるテーマです。しかし、経営は常にリスクと隣り合わせに存在するものです。そこで最後に、いままさに考えておかなければならない、非常時だからこそよりいっそう意識したいテーマについてお話ししておきたいと思います。

(1)税理士事務所には武器がある

2020年に入り、世界は大きな不安の中に突き落とされました。新型コロナウィルスの蔓延です。コロナ禍は、単に健康的な側面のみならず、経済活動にも大きな影響を及ぼしています。私たちのお客様も多大な影響を受けていることは否めません。

しかし私たちは、たとえば過去30年を振り返るだけでも、バブル崩壊やリーマンショックといった経済危機、または阪神淡路大震災や東日本大震災といった天災による危機など、さまざまな崖っぷちともいえる状況に対して、幾度となく勇敢に立ち向かってきました。そして、その苦難を正しく乗り越えてきた企業は、間違いなくそれ以前より強くなっています。今回のコロナ禍においても、これを機縁として、さらなる成長をしていくべきでしょう。

一方で、苦難のときは、平時は走り回っていた経営者が立ち止まって振り返りをすることができる好機ともいえます。そしてそれをサポートできるのは、**それぞれの企業の中身を「数値で」「客観的に」「根拠をもって」把握することができる税理士事務所にほかなりません。**

そもそも税理士事務所の使命は、「納税義務者の信頼にこたえ」て、「納税義務の適正な実現を図る」ことにあります。いままさに、税理士事務所

の役割は、以前にもまして高まっているといえるのです。

　残念ながら、私たちはお客様の経営のサポーターとして答えそのものを教えてあげることはできません。税の世界であればこちらがプロでお客様が素人なのですから、解決に向けた答えを知っているのはこちらであって、その答えを教えてあげることそのものが私たちの役割です。

　しかし、経営のありように対してはそうはいきません。たとえばお客様がスーパーマーケットを経営されているのであれば、スーパーマーケット経営のプロはお客様であり、私たちは素人です。素人である私たちは、教えるどころか、正しいと自信をもって口にすることができる答えそのものをもってはいないのです。

　では、そんな私たちに一体何ができるのでしょうか。

　実は、私たちには武器があります。それは、その会社のすべての取引が数値化され、要素ごとにまとめられ、比較検討可能な状態になっている「試算表」であり「決算書」です。それも、そのインプットとしての原資資料からそのアウトプットとしての各種帳票の成り立ちまでのすべてを把握しています。これほどの武器は、他になかなかありません。考えてみてください。自社の試算表や決算書を喜んで人に見せる人がどれだけいるでしょうか。融資をお願いする金融機関にさえ、「できれば見せたくない」と考える経営者が多いものです。その中にあって、それ自体を作成し、または「どうぞご覧ください」「ぜひアドバイスをお願いします」と言っていただけるのは、稀有な立場であり、存在であるとの認識が必要です。

　そのうえで、**すべてを物語っている試算表・決算書を紐解くことこそが、私たちができる最大のサポート**といえるのです。すなわち、試算表・決算書から窺える問題を提起し、改善の糸口をともに見つけ出していくのです。

　前述のとおり、答えを提示する必要はありません。適切な問題提起を通じて、すでにお客様の頭の中にある答えを引き出していくのです。

(2) 問題解決へ導く「よい質問」

ゲームセンターやイベント会場などで、「くじ引き機」を見たことはありませんか。透明な球体の中に三角くじが入っていて、下から出る空気に煽られてそのくじが球体の中を舞っており、上部に空いた穴から人が手を入れてくじを引くというものです。イメージとしては、この球体の中が、まさに経営者の頭の中です。

経営者の頭の中は常に混沌としています。売上のことを考えていたと思えば原価に飛び、原価のことを考えていたと思えば設備投資に、さらには人材育成や評価制度の構築など、経営上の尽きることのないさまざまな課題が頭の中によぎり、整理されることなく渦巻いているのです。

私たちの役割はその混沌とするカオスの世界に、"よい質問"という手を差し伸べていくことです。

具体的には、「SPIN話法」に基づいて質問していきます。SPINとは、**図表7-1**のとおり、好ましい質問の仕方を示す英単語の頭文字を順番に並べたものです。

図表7-1　SPIN話法

質問	内容
状況質問 Situation	試算表等を事前に下調べをした情報などをもとに、お客様の近況を質問する
問題質問 Problem	さまざまな状況の中から、現状お客様にとって最も重要な問題を確認し、特定する
示唆質問 Implication	特定された問題を放置すると、どのような影響があるかに気づいていただく
解決質問 Need Payoff	どうすればその問題が解決できるかを質問し、お客様自身に具体的な解決策を明らかにしていただく

「**状況質問**」とは、たとえば「A社の売上が減ってきているのはなぜですか？」「B社の仕入れがかなり増えていますがなぜですか？」などと質

問を繰り出し、それに対する答えを引き出し、整理して、まとめていくものです。そして、「売上高拡大」「原価低減」「コスト削減」「設備効率改善」といった数字に直結する状況から、「人材採用・育成・評価」などの数字に直接は結び付かない状況まで抽出していきます。混沌としていた状況が、項目ごとにきれいに整理されるだけで、大きな成果です。

　全体の状況がおおむね把握できたところで、その中でも重要な問題を特定していきます。「**問題質問**」です。「社長の考える最も重要な問題はどれですか？」「どの問題の解決が最も効果的ですか？」などと、整理された状況の中から解決すべき問題を特定するのです。人の脳は、あるべき姿と現状とのギャップを正しく認識できたとき、そのギャップを埋めようとする力が自然に湧いてくるそうです。要するに問題が認識されるだけで、改善に向かいはじめることを意味しています。

　ここですぐに解決に向けた検討をしようとするのは尚早です。現状問題であるということは、やるべきことができていない、ないしはやってはいけないことをやってしまっているということです。よって、問題解決のためには、やるべきことをやる、やめるべきことをやめなければならないのですが、人が習慣を変えることは、いうほど簡単なことではありません。新しい取り組みを始めるのには、相当の勇気と覚悟が必要なのです。

　その肚括りを現実のものとするための質問が「**示唆質問**」です。特定された問題を放置したらどうなるかを問うことにより、問題解決に向けた不退転の決意をもってもらえるようにするのです。

　そして最後に、問題解決のための質問をしていきます。その改善策も、実はすでに経営者の頭の中にあるものです。業務上得られた経験、業界内で収集される情報、または同業他社の取組内容を見聞きする機会の多い経営者は、「いずれ取り組まなくてはいけない」と感じながらも、具体的な行動を起こしていなかった重要な対策の在庫を積み上げているものなのです。それを「**解決質問**」によって引き出していくのです。

　さて、よい質問をすることに加えて、私たちにできることがあります。

それは、他のお客様や提携先、または経営者団体等で得られた他社・他業種の"知恵"の提供です。「業界は異なりますが、こんな取り組みをしている会社があります」などと、他から得た知恵をお伝えし、検討のヒントにしてもらうのです。このような内容は、それそのものがお客様の満足度を高めることにもなるでしょう。

　また、このような機会にぜひお客様にお伝えしていただきたいことがあります。それは"平時の思い"です。経営が順調にいっているときは、「ちょっとおかしい」と感じても、不要な発言によって不興を買ってしまうようでは本末転倒ですから、なかなか口には出せないものです。しかし、**いまこそ改めるべきは改める姿勢が何よりも求められるとき**です。勇気をもって日頃思っていたこと、感じていたことをお伝えしましょう。それがさらなる信頼を生むことにもなるのです。

　このような取り組みを通じて、いまのいま、不退転の覚悟で解決していかなければならない課題が明確になってきます。そして、もともと温めていたもの、また他社・他業界から得たヒントに基づく具体的な対策が明確になってきます。そのときに、私たちには重要な役割があります。**図表7-2**をご覧ください。

図表7-2　課題解決に向けた私たちの役割

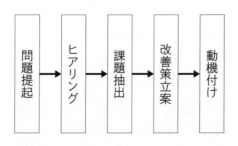

問題提起 → ヒアリング → 課題抽出 → 改善策立案 → 動機付け

　この図表は、試算表・決算書などから明らかになった問題を提起し、その提起内容に基づくヒアリングを通じて課題を抽出し、結果として具体的

改善策が明確にする、という先のストーリーを表わしています。このような取り組みの結果、後は取り組めば間違いなく大きな成果を獲得することができると確信したその改善策を実施するのみです。

　ところが、現実はそう簡単にはいかないものです。改善策というものは、換言すれば「これまで取り組んでこなかったこと」です。人は、それまでに経験のない新しい取り組みに対しては、どうしても二の足を踏みます。やらなければならないと頭でわかっていても、なかなか行動に移すことは難しいものなのです。そのようなとき、私たちの重要な役割が"動機付け"です。

　「社長、やりましょう！」と力強く背中を押してあげる、そういう役割を演じることが大切なのです。人は、どこかで背中を押してくれる人を望んでいるものです。そして、それがすべてを知ってくれている、相談に乗ってくれる、アドバイスをしてくれる、信頼できる人であればなおさらです。まさに私たちの大きな役割なのです。ぜひその真実を強く認識し、演じ切っていただきたいと思います。

2 お客様の立ち位置を明確にする

　質問の重要性をご理解いただいたところで、試算表や決算書などに基づく具体的な質問の内容について考えていくことにしましょう。本項ではまず、お客様の現状を明確にするための質問について考えてみます。

(1)非常時貸借対照表を作成する

　まずは**図表7-3**をご覧ください。

図表7-3　非常時貸借対照表

	A	B		A	B
現預金	1,000	**1,000**	借入金	8,000	8,000
売掛金	1,000	800			
棚卸資産	1,000	200			
建物	2,000	0			
土地	5,000	**3,000**	純資産	2,000	△**3,000**
合計	10,000	**5,000**	合計	10,000	5,000

　これは急に会社をたたまなければならなくなったとき、貸借対照表上の数字がどのように変化するかを示す「非常時貸借対照表」といわれるものです。金額は簡素化して示しています。「A」列が直近の試算表上の金額です。試算表上は、2,000の純資産があるように見えます。

　しかし、非常時に清算となると、このとおりにはいきません。もちろん現預金はそのままですが、その他の資産には変動が生じます。たとえば、売掛金の中にはそもそも不良債権が潜んでいるかもしれません。また火事場泥棒的に、「潰れるのを待つ」的な不届き者がいないとも限りません。

268

棚卸資産は、急にすべてをさばききることは難しいかもしれません。最終的には二束三文で投げ売りしなければならないことも覚悟しておく必要があります。

建物は売れないどころか、「壊して出てって」と言われるかもしれません。そうなると価値はマイナスになる可能性さえあります。土地も、そもそも含み損を抱えているかもしれませんし、もし時価と同等であったとしても、急いで売り切ろうとすれば「半値八掛け二割引」などという結果にならないとも限りません。要するに、額面どおりとはいかないと覚悟しておく必要があるということです。その内容を示したのが「B」列です。

しかし、借金はなくなりませんから、2,000あると思っていた純資産が、実は△3,000になってしまいます。ではこのマイナス分は、誰が支払うことになるのでしょうか。オーナー企業においては、連帯保証人となっている経営者です。その事実を、まず経営者に示し、覚悟をもってこの危機に立ち向かっていってもらう必要があります。

しかし本来は、そうなってしまってからでは遅いですから、平時からこの不足額を補えるくらいの貯えであったり、保険などによる備えをしておくよう、提案しておくことも私たちの大きな役割といえるでしょう。

(2)延命策を検討する

次に、次ページ**図表7-4**をご覧ください。

この表は、売上ゼロの月が続くとしたとき、何の対策も打たなかったら、何か月持ちこたえることができるかを計算するものです。

売上がゼロですから、棚卸資産は換金できません。何も対策を打たないわけですから、固定資産もそのままです。そのようななかで換金可能な財産は限られます。中でも金額的に大きいのが現預金と売上債権であり、逆に資金が出ていくものが支払債務ということとなり、事例でいえば、「A.換金可能額」は15,000ということになります。

図表7-4　資金余力

A. 換金可能額	
現預金残高	5,000
売上債権残高	20,000
支払債務残高	△10,000
合計	15,000
B. 現金減少額(月)	
固定費支払額	4,000
借入金返済額	1,000
合計	5,000
C. 資金余力(A÷B)	
	3か月

　これに対して、売上がゼロであっても、必ず出ていくのが固定費と借入金の返済ですから、この会社では月々5,000が「B．現金減少額（月）」となり、その結果、A÷Bの計算から「C．資金余力」は3か月ということになります。売上ゼロの状態が続き、何の対策も打たなければ、4か月後には会社がなくなってしまうことを意味しています。

　逆にいえば、たとえ売上高がゼロであったとしても、3か月間は生き残ることができるということです。3か月間の対策猶予期間があることがわかるのは、それだけで十二分な価値があります。資金余力期間を明確にして、その期間内に不退転の決意で改革を行なっていくことに、互いに肚を括りましょう。

　そのうえで、売上高ゼロが続くことを前提として、まずは対策時間を増すための対策を検討します。具体的には、次の点を確認してみてください。

①支出を止められる固定費はないか?

　まずは止められる出血を探し出し、止血をすることになります。不要不急な支出はないかを確認し、現実的に減らすことができる金額を明らかに

するのです。ただし、最初から解雇を伴う人件費の削減は考えものです。やはり"雇用責任"を果たすことをご指導することも、私たちの使命と考える必要があります。また、この段階で無理をして固定費を削減することが業績回復後の足かせにならないよう留意してください。

②活用できる補助金・助成金はないか?

止血できない経費のうち、補助金・助成金である程度、賄うことができないかを検討します。

③処分可能な不要不急の資産はないか?

売却・換金可能な資産がないかを確認します。ただし、固定費同様、後に支障を来すようではいけません。景気回復後の状況をイメージしながらリストアップしてもらうようにしましょう。

④個人資金を投入することはできないか?

投入可能な個人資金を確認します。このとき、お客様のすべての個人資産の棚卸しをすることで、相続税の試算を提案することも一考です。また、その過程のなかで、事業承継についてのお考えをお聞きする機会にもなるでしょう。

なお、オーナー企業の好ましい事業承継の実現については、『中堅・中小企業経営者のための「事業承継対策」の立て方・進め方』(日本実業出版社)を参考にしていただければと思います。

⑤借り増しすることはできないか?

借入れ可能な枠があるかどうかを確認します。ただし、金融機関からの借入れに限ります。やはり金融機関の目は正しいものです。返済余力を超える借入れは避けなければなりません。また、第三者の連帯保証を伴うものはやめておいたほうがよいでしょう。事業に関わりのない人に迷惑をかけるようなことは、あってはなりません。

⑥返済をストップする、ないしは引き延ばしはできないか?

　借り増しができないとなれば、リスケの可能性を探ります。返済計画の立案を通じて、お客様と金融機関との橋渡しをしましょう。

　このようにしてさまざまな延命策を講じるなかで、業績改善策を行なうことができる期間がどれほど確保できるかが見えてきます。さすがに売上ゼロが長期間続くことはないでしょうから、その猶予期間はさらに長く見ておいてもよいでしょう。その期限を意識して本質的・抜本的な改革を考え、実践していくことになります。

3 あるべき姿を
明確にする

　本質的・抜本的な改革を検討していくにあたって、具体的な業績改善策を考える前に検討しておくべきことがあります。それは、これまであなたが学び、検討してきた内容のうち、そのお客様にも該当する内容について、しっかりと考えていただくことです。

　改めて整理しますと、次のような内容になります。

- A　経営理念
- B　経営ビジョン
- C　事業分野規定
- D　お客様の真の欲求と自社の強み
- E　WIN-WIN関係の構築
- F　社員のパートナー化

　これらの必要性は、すでに十分に感じていただけていることと思います。あなたの実績と思いを伝え、ぜひ考えていただくようにしてください。

　特に、この時期に見直す必要性が高いのは、Cの「事業分野規定」ならびにDの「お客様の真の欲求と自社の強み」です。

　前者については、「誰に、何を、どのような方法で」提供するかを明らかにするものが事業分野規定であり、その事業分野において業績が悪化しているということは、お客様か、取り扱っている商品やサービスか、その提供方法に問題があることの証左です。抜本的に見直す必要があるということでしょう。後者についても、お客様の欲求が変化したか、強みが強みでなくなってしまっているかのいずれかですので、問題の根源は一緒です。

　そもそも、コロナ禍で大きく業績を下げている会社は、その前から何ら

かの予兆があったケースが多いものです。抜本的な改革が必要であったにもかかわらず放置してきてしまった問題が、コロナ禍によってはっきりと顕在化した、というのが実態だといえるのではないでしょうか。であれば、やはりこれを機に、勇気をもって抜本的な改革に取り組んでいかなければなりません。

　事例を示します。

　2年前、「売上の20％強を占めていたお客様を失ってしまった」と嘆き悩んでいる社長のご相談に乗りました。お話をうかがった際、単に大口顧客を失っただけではなく、ビジネスモデルそのものが老朽化していることが問題だとお伝えしていました。「そうですよね」と言われてはいましたが、そこまで深く考えていなかったようです。

　2020年5月に改めてお会いしたとき、「その後、5％ほど挽回したんですが、コロナで蒸発してしまいました」とのこと。その消えた上澄みは、残念ながらこれまでのビジネスの延長線上にあるものでした。結局はコロナのタイミングで失うことになったのですが、残念ながら早晩なくなっていたのだと思います。

　私は改めてモデルチェンジの必要性をお伝えしたうえで、次の質問をしてみました。

「社長が本当にお付き合いしたいと感じるのは、どんなお客様ですか？」
「そのお客様が、いま一番困っていらっしゃることは何ですか？」
「それに対して、社長の会社で何かできることはありませんか？」

　5か月後、「おかげさまでいい仕事との出会いがありました」と嬉しい報告を受けました。失った売上以上の成果を上げられたとのことです。

　「まさに灯台下暗しでした」というその内容は、蒸発してしまった雪の下にひっそりと隠れていた可憐な花のようなもので、新たにできたものではなく、元々あったのに目の前の仕事に追われて気づかずにいたのだそう

です。詳しくはお伝えできませんが、「起こってから対処する」が当たり前の業界において、「起こる前に対処する」方法を思いつき、お客様の多大な損失を回避させることができるようにされたのだとか。「損害額の10％くらい払っても全然惜しくない」と、価格競争に明け暮れていた既存事業とは打って変わって、多額の報酬を喜んで支払ってくれたのだそうです。

　こんなにうまくいく話はそうそうあるものではないでしょうが、少なくとも、先の３つの問いに答えていった結果であることは間違いありません。いままさにそのような検討をすることが大切なのです。
　いずれにしろ、これまであなたが学び、実践してきたことを自信をもってお伝えし、ともに「あるべき姿」を明確にしていってください。

4 取り組むべき課題を抽出する

　会社のあるべき姿が明確になれば、その方向に向けた改善策の具体的な検討に入ることになります。そこでの私たちの役割は、前述したとおり、よい質問をすることです。それも、私たちの武器である試算表・決算書などに基づく具体的な質問です。本項では、その内容について考えていきたいと思います。

(1)売上高を拡大する

　第一の視点は、売上向上策です。売上高は、「客数×客単価」で構成されますから、この検討においては、

　①お客様の数を増やすことはできないか？
　②客単価を上げることはできないか？

の２つの視点に分けて質問を考える必要があります。具体的な質問内容は以下のとおりです。

①お客様の数を増やす

　□既存のお客様の減少を止めることはできないか？
　□離れていってしまったお客様を再発掘することはできないか？
　□紹介を獲得するための活動を実施することはできないか？
　□新規営業活動を強化することはできないか？
　□受注率・リピート率を高めることはできないか？

もちろん、これ以外にも多くの視点がありますが、取引先のすべての情報を把握している私たちは、このような質問に対して、より具体的に掘り下げて実施することができます。たとえば、

　「売上が減っている〇〇社さんの売上がなくなってしまわないよう、何か対策は考えられていますか？」
　「以前お付き合いのあった△△社へ再度アプローチすることはできませんか？」
　「仕入れの多い▲▲社さんからご紹介いただくことはできませんか？」
　「以前新規開拓された□□社のような先はほかにありませんか？」

　すでに検討されている内容も多いとは思いますが、視点として漏れている可能性も否定できません。どんなに細かなことでもかまいません。お客様の立場に立って考え、普段目にしている資料を頭に思い浮かべながら質問してみてください。その際、他社の事例を交えながら質問をしていただくと、よりいっそう気づきを得る機会が増えることでしょう。
　また「紹介」については、事務所のお客様同士をご紹介し合うことも考えられるかもしれません。その輪が広がれば、ビジネスマッチング事業といった事務所の役割も大きく広がっていく可能性もあるでしょう。
　一方で、たとえばこれまで新規営業を行なっていなかったお客様が、その活動に取り組むことはとても勇気のいることです。力強く背中を押してあげましょう。
　このような取り組みを通じて成果を上げることができれば、お客様からの信頼も絶大なものになるでしょう。

②客単価をアップする

　□これまでの購買品目以外のものを提案できないか（購買品目を増やしてもらうことはできないか）？
　□高価格帯商品へのシフトを提案することはできないか？

□値引率・割引率を見直すことはできないか？
□自社の取扱商品そのものを増やすことはできないか？

　この内容については、私たちにはそれほど多くの役割はありませんが、他社の事例をご紹介する、ないしは「自分が御社のお客様の立場だったら」という視点で考え、質問してみるとよいでしょう。

(2)変動費を削減する

　2つ目の視点が、変動費のコストダウンです。具体的には、次のような視点があります。

□仕入ロットを見直すことはできないか？
□単価交渉することはできないか？
□発注先を見直すことはできないか？
□内製化を検討することはできないか？
□不良率や歩留率を改善することはできないか？
□設計仕様や製造工法・工程を変更することはできないか？

　この内容は、まさにお客様のビジネスの根幹をなすものであり、そのビジネスの素人である私たちから具体的なアドバイスをすることはとても難しいことです。しかし、視点を示しながらお客様の考えを引き出し、整理してあげることは可能です。
　一方で、もしお客様同士をつなぐ共同仕入れの取りまとめや、仕入先や外注先などの紹介といった具体的な提案ができるようであれば、必ず喜ばれることと思います。

（3）固定費を削減する

　次に、固定費の削減を検討します。固定費については、下記の４つの視点に区分して考えていただくとよいでしょう。

図表7-5　固定費の内訳

区分	内　容
① 人的経費	給与・賞与・福利厚生費・法定福利費など
② 設備経費	家賃・減価償却費・リース料など
③ 戦略経費	交際費・広告費・教育費・採用費など
④ 運営経費	水道光熱費・備品費・消耗品費など

①人的経費

　□雇用調整助成金等を活用できないか？
　□余剰している勤務時間を、放置してきた課題に回すことはできないか？
　□人員の配置の抜本的な見直しを図ることはできないか？
　□これを機に、働き方改革を実践することはできないか？

　人的経費を考える際の要諦は、社員に負担を強いる施策を最初から考えないことです。雇用責任の前提に立ち、できる限り守るべきものは守ったうえで、どうしようもなくなった際に、はじめて解雇や雇止め、または内定取り消しなどを検討するようにすることが大切です。それらの対策を第一に考える会社で、パートナーとなり得る社員を育てることなどできません。どうしても手を付けざるを得ない場合は、転職先の紹介など、採用した責任を果たすようにお伝えしていくことが大切です。それが、業績が回復してきたときの、残った社員の勇気と誇りにつながっていくものだと思います。

②設備経費

　設備経費は、契約時点で発生することが確定するものであり、かつ解約・解消には違約金が伴うことも多いものです。よって、設備経費の削減にあたっては、その後払い続ける経費と、解約・解消等による違約金との比較検証を行ない、存廃の検討をすることになります。

　また、家賃支援給付金のような該当する補助金・助成金の活用を検討することも必要でしょう。

③戦略経費

　戦略経費については、もちろん無駄なものがあれば削減していくことが必要ですが、私たちがお客様としている中堅・中小企業においては、削減するほど支出していない、という会社も多いものです。

　逆に、先行投資としてコスト負担していくことによって、これまでに考えられなかった成果を実現することができるかもしれません。

　よって、「削る」だけではなく、「使うことで成果を上げることができないか？」という視点を合わせて検討していく必要があります。

④運営経費

　運営経費については、「昼休みは電気を切りましょう」「エレベーターを使わず、階段を使いましょう」「タクシーの利用はやめましょう」「ボールペンは最後まで使い切りましょう」などといった内容がその対策となります。よって、それほど大きな削減が期待できる費目は多くありません。

　ただ、社員に“コスト意識”をもたせることができる効果はあります。社員にどんな意識をもってもらいたいかを確認しながら、その内容を検討してみてください。

　なお、その表現の仕方については留意が必要です。「絶対」でなければなりません。「原則」は、必ず「例外」を生みます。そして「蟻の一穴」のことわざのごとく、1つの例外が、大きな方針をむしばむことになりか

ねません。「絶対○○！」という強い表現で、コスト意識をもっていただくよう、お伝えしましょう。

(4)資金繰りを改善する

　最後に、資金繰りの改善の視点を示します。その最たるものは、次の3項目になります。

①売上債権

　□滞留している売掛金を回収することはできないか？

　□不良債権を回収・処分することはできないか？

　□現金取引へ移行する（手形取引を削減する）ことはできないか？

　□手形サイトを短縮することはできないか？

　売上債権については、前述の「資金余力」を算出する際、回収困難ないしは回収不能と判断したものを、何とか回収することができないかをまず考えます。そのうえで、現金取引への移行や手形サイトの短縮を考えていくことになります。

　この時点において、財務分析や資金繰り表作成の提案をしてもよいでしょう。もちろん、お客様の資金状況によりますが、有償での提供が前提です。

②棚卸資産

　□不良・滞留在庫を売却処分することはできないか？

　□仕掛品を削減することはできないか？

　□アイテム数を減らす（適正化する）ことはできないか？

　□1アイテム当たりの在庫量を減らすことはできないか？

　棚卸資産の金額は、「アイテム数×1アイテム当たりの在庫量」の算式

によって成り立っています。この計算式を念頭に、個々の棚卸資産に照らし合わせて検討していくことになります。

　また、これを機に「在庫管理」の必要性を感じていただくことも大切です。**図表7-6**をご覧ください。

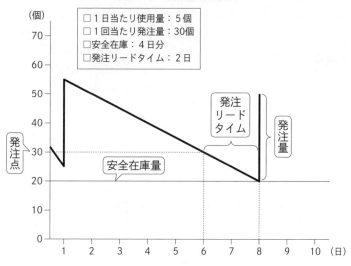

図表7-6　在庫管理の視点

　この表は、在庫量を「発注点」「発注量」「安全在庫量」「発注リードタイム」の観点からその適正を分析する視点を示したものです。それぞれの意味は、以下のとおりです。

□発注点：発注をするタイミング

□発注量：1回当たりの発注で依頼する数量

□安全在庫：需要実績から、リードタイム期間中に欠品することがないと思われる在庫量

□発注リードタイム：発注してから届くまでの期間

　この視点から、在庫量を減らすための質問は、下記のとおりです。

□１回当たりの発注量を減らす（発注を多頻度化する）ことで在庫量を減らすことはできないか？

□発注リードタイムを短くしてもらうことで在庫量を減らすことはできないか？

□安全在庫量を減らすことで在庫量を減らすことはできないか？

③負債

□補助金・助成金等を申請することはできないか？

□支払手形をなくす（不渡リスクを削減する）ことはできないか？

□借入内容を見直すことはできないか？

□金融機関を見直すことはできないか？

資金余力の観点と被ってはいますが、ここでは緊急対応ではなく、根本的な見直しのための質問をしていくことになります。その際、財務分析や資金繰り表を作成し、さまざまなシミュレーションを行ないながら、最適な状態を明らかにしていくことも提案の余地があります。もちろん、別途費用をいただくことが前提です。

また、この内容については金融機関対応が欠かせません。適切な対応は、金融機関からの信頼を得るチャンスともなります。その観点からも、ぜひ検討していただければと思います。

このような検討が十二分にできたら、

□このまま何も手を打たなかったら？

□課題を解決することができたら？

□明るい未来が実現できたら？

といった３パターンのキャッシュフローのシミュレーションを提案してみ

てください。具体的なイメージがはっきりするとともに、「明るい未来」の実現に向けた動機付けにもなるでしょう。

　経営の神様といわれる松下幸之助氏の言葉に、次のような一文があります。

　「今日の現状というものがいかに厳しいものであるかということをはっきり認識してかからなければならない。そういう認識があると少々の変化にも相応ずることができるし、またそういう動きに対しても非常に敏感に対応できる。その心構えがあるかないかが今後の発展に大きく影響する」

（『松下幸之助発言集』ＰＨＰ研究所　より）

　まさに「今日の現状」はとても厳しいものがあるとの認識が必要であり、そのうえで、お客様とともに大きく発展していくため、いまのいま、何をなすべきかを考え、行動することが大切です。ぜひ日頃の接点の中で税理士としての使命をまっとうし、苦難のときをともに乗り越えていける経営体質を実現していきましょう。

亀井英孝（かめい ひでたか）

株式会社名南経営コンサルティング取締役。

1965年岐阜県生まれ。89年、名南コンサルティングネットワークの経営指導部門である名南経営コンサルティング・MAS事業部のコンサルタントとして入社以来、100社を超える中堅・中小企業の経営指導を実施。2001年より取締役。2002年より名南コンサルティングネットワーク全体の総務部門の責任者となり、採用・教育・人事制度づくりなどを担当。2011年からは、全国の税理士事務所向けのコンサルティングおよびサポートに従事。2015年から、開業間もない税理士事務所を対象とした「きどう塾」の講師を務めるほか、税理士事務所経営に関わるあらゆるテーマでの講演に定評がある。また、後継者・後継幹部を対象とした勉強会を各地で主宰するなど「事業承継」をライフワークとしている。全国の経営者団体からの講演依頼も多数。著書に『中堅・中小企業経営者のための事業承継対策の立て方・進め方』（共著）、『税理士事務所の勝ち残り戦略ワークブック』（いずれも日本実業出版社）がある。

株式会社名南経営コンサルティング

1966年開業の佐藤澄男税理士事務所(現・税理士法人 名南経営)を祖業としたコンサルティングファーム「名南コンサルティングネットワーク」の中核企業。ネットワークでは、経営に関わるあらゆる専門家を抱え、中堅・中小企業を対象に、企業経営をワンストップでサポートして信用・実績を積み重ね、多くのクライアントをもつ。総スタッフ数574名。同社は戦略的経営計画策定支援などの経営コンサルティング、経営者・後継者・経営幹部の育成指導、人事労務コンサルティングを得意分野とする。本書は、おもに同社取締役・亀井英孝氏が執筆。

住所　〒450-633　愛知県名古屋市中村区名駅一丁目1番1号
　　　　　　　　　　JPタワー名古屋34階

電話　052-589-2780
https://www.meinan.biz

つよ み い か せいか あ
強みを活かして成果を上げる

か のこ ぜいりし じ むしょ しょちょう きょうかしょ
勝ち残る税理士事務所をつくる 所長の教科書

2020年12月1日　初版発行

著　者　**株式会社名南経営コンサルティング**
　　　　©Meinan Management Consulting Co.,Ltd.2020
発行者　**杉本淳一**

発行所　株式 **日本実業出版社** 東京都新宿区市谷本村町3-29 〒162-0845
　　　　会社 大阪市北区西天満6-8-1 〒530-0047

　　　　編集部　☎03-3268-5651
　　　　営業部　☎03-3268-5161　振 替　00170-1-25349
　　　　　　　　　　　　　　　　https://www.njg.co.jp/

印 刷／壮 光 舎　　製 本／共 栄 社

本書のコピー等による無断転載・複製は、著作権法上の例外を除き、禁じられています。内容についてのお問合せは、ホームページ(https://www.njg.co.jp/contact/)もしくは書面にてお願い致します。落丁・乱丁本は、送料小社負担にて、お取り替え致します。

ISBN 978-4-534-05818-8　Printed in JAPAN